COMMENT DESSINER
VOLUME - 02

Nous espérons que ce livre vous apportera autant de joie que nous en avons eu lors de sa conception.
Si vous avez passé un bon moment, nous vous serions très reconnaissants de prendre une minute pour partager votre avis sur Amazon en scannant le **QR code**.
Votre contribution nous sera d'une grande aide.
Merci pour votre confiance et votre temps.

  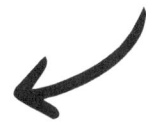

ISBN: 9798338216620
© Originale Educ. Tous Droits Réservés.

Aucune partie de cette publication ne peut être reproduite, distribuée ou transmise dans quelque format ou par quelque moyen que ce soit, qu'il s'agisse de photocopie, d'enregistrement ou d'autres méthodes électroniques ou mécaniques sans la permission écrite préalable de l'éditeur, à l'exception de brèves citations dans le cadre d'une revue critique et de certains autres usages non-commerciaux autorisés par la loi sur les droits d'auteur.

SOMMAIRE

INTRODUCTION..............................3

PORTRAITS...........................4 - 6

SILHOUETTES ....7 - 15

ANIMAUX .... 16 - 55

MOYEN DE TRANSPORT .... 56 - 61

OBJETS .... 62 - 95

CHÂTEAUX .... 96 - 98

FLEURS .... 99 - 104

INTRODUCTION

Le dessin est un moyen de libérer votre créativité et de vous exprimer de manière visuelle. Après le succès de notre premier volume, nous sommes ravis de vous présenter «Comment dessiner 101 projets étape par étape - Volume 02». Ce nouvel opus poursuit l'aventure en vous proposant encore plus de projets passionnants à dessiner, étape par étape. Que vous soyez un enfant, un adolescent ou un adulte débutant, ce livre est fait pour vous.

Vous y trouverez des instructions claires et détaillées pour dessiner une nouvelle gamme d'objets, y compris des animaux, des paysages, des personnages, des véhicules, et bien plus encore. Chaque projet est conçu pour être réalisé en plusieurs étapes simples, afin que vous puissiez apprendre à dessiner progressivement, à votre propre rythme.

De plus, les illustrations et les photos à chaque étape continueront de vous guider tout au long du processus de dessin, vous permettant de suivre facilement les instructions et d'obtenir des résultats satisfaisants.

Ce livre est conçu pour renforcer encore davantage votre confiance en vous et pour stimuler votre créativité. En combinant les connaissances acquises dans les deux volumes, vous pourrez explorer davantage votre passion pour le dessin et perfectionner vos compétences. Alors, prenez votre crayon et votre bloc de papier, et préparez-vous à enrichir votre talent artistique grâce à «Comment dessiner 101 projets étape par étape - Volume 02».

Voici 5 conseils pour améliorer votre dessin :

Pratiquez souvent : La pratique est la clé pour améliorer votre dessin. Essayez de dessiner régulièrement pour acquérir de l'expérience et des compétences.

Étudiez les formes et les proportions : Comprendre les formes et les proportions des objets que vous dessinez est essentiel pour les représenter de manière réaliste.

Utilisez des références : Avoir des images de référence à portée de main peut grandement aider à dessiner des objets, des animaux, et des personnes de manière réaliste.

Soyez créatif : N'hésitez pas à essayer de nouvelles techniques et à être créatif avec votre dessin. Cela vous aidera à développer votre propre style et à affiner vos compétences.

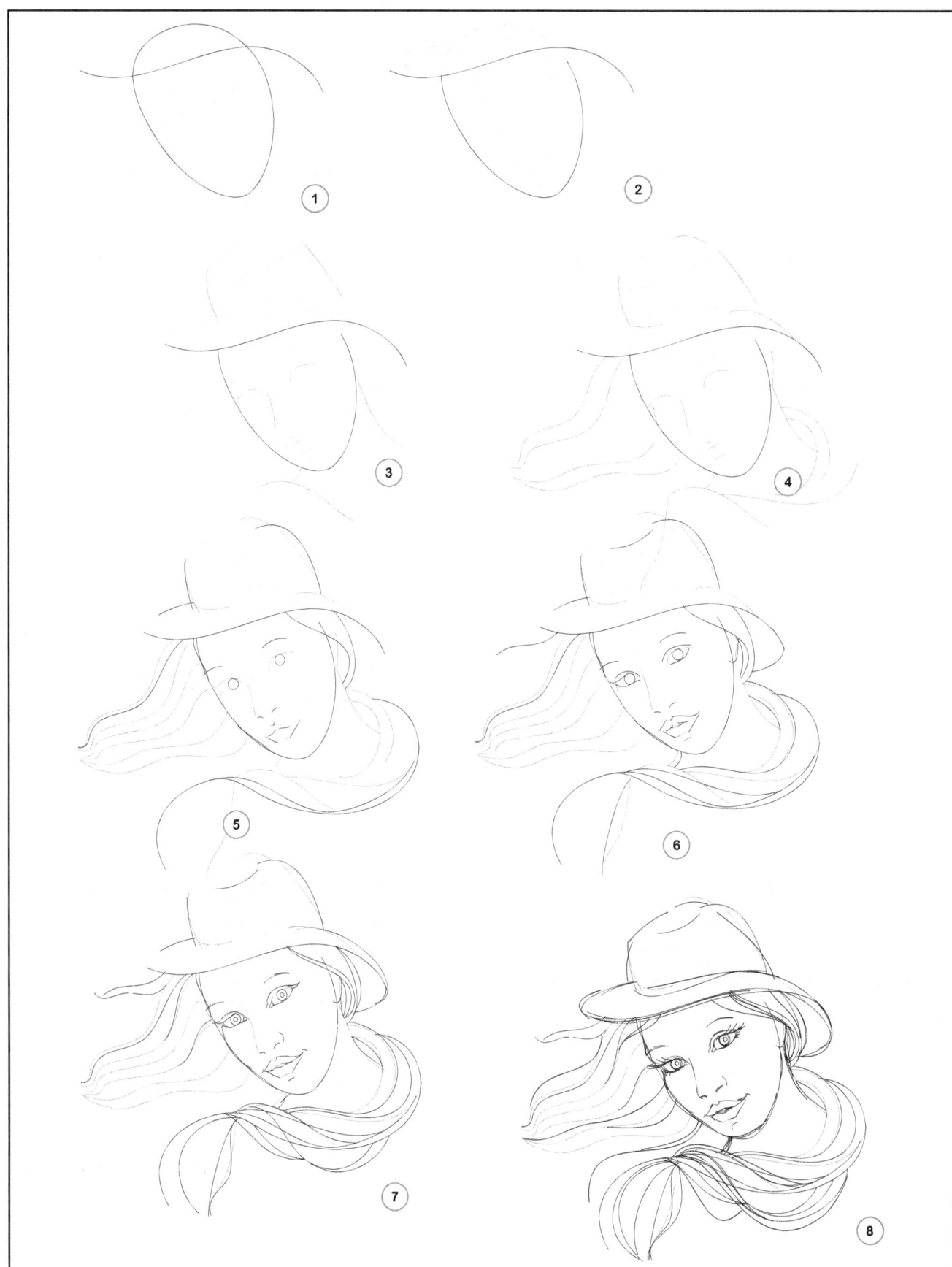

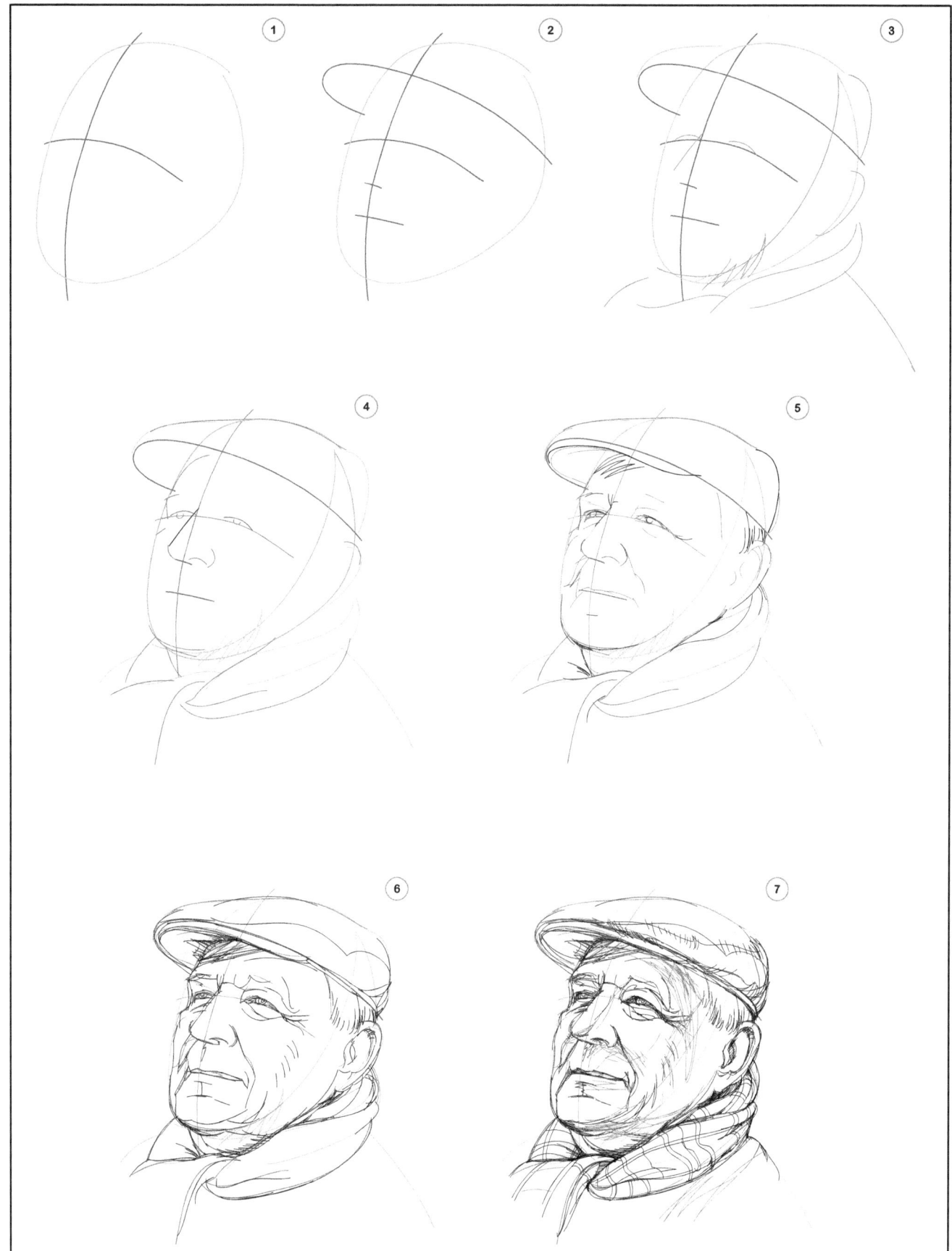

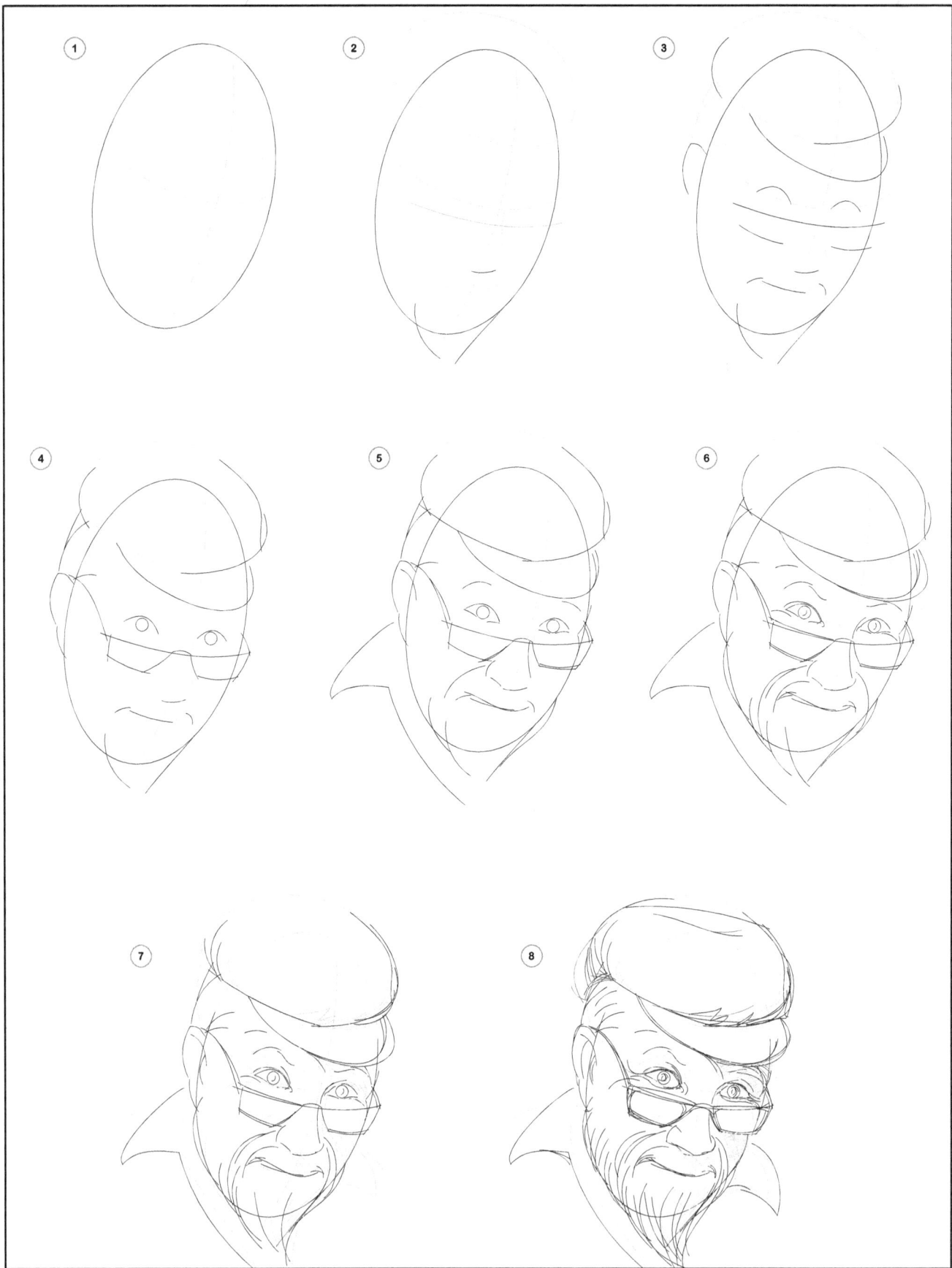

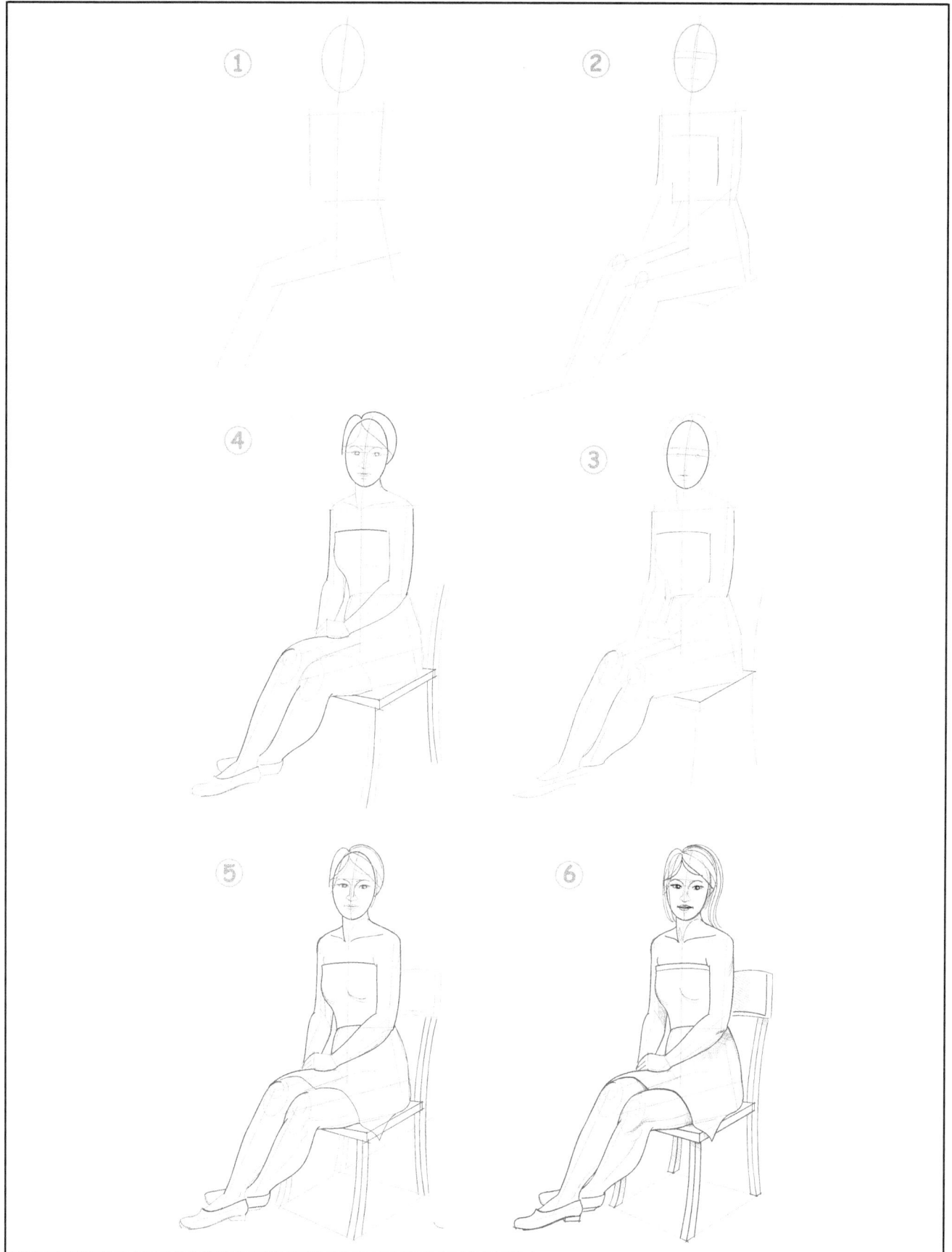

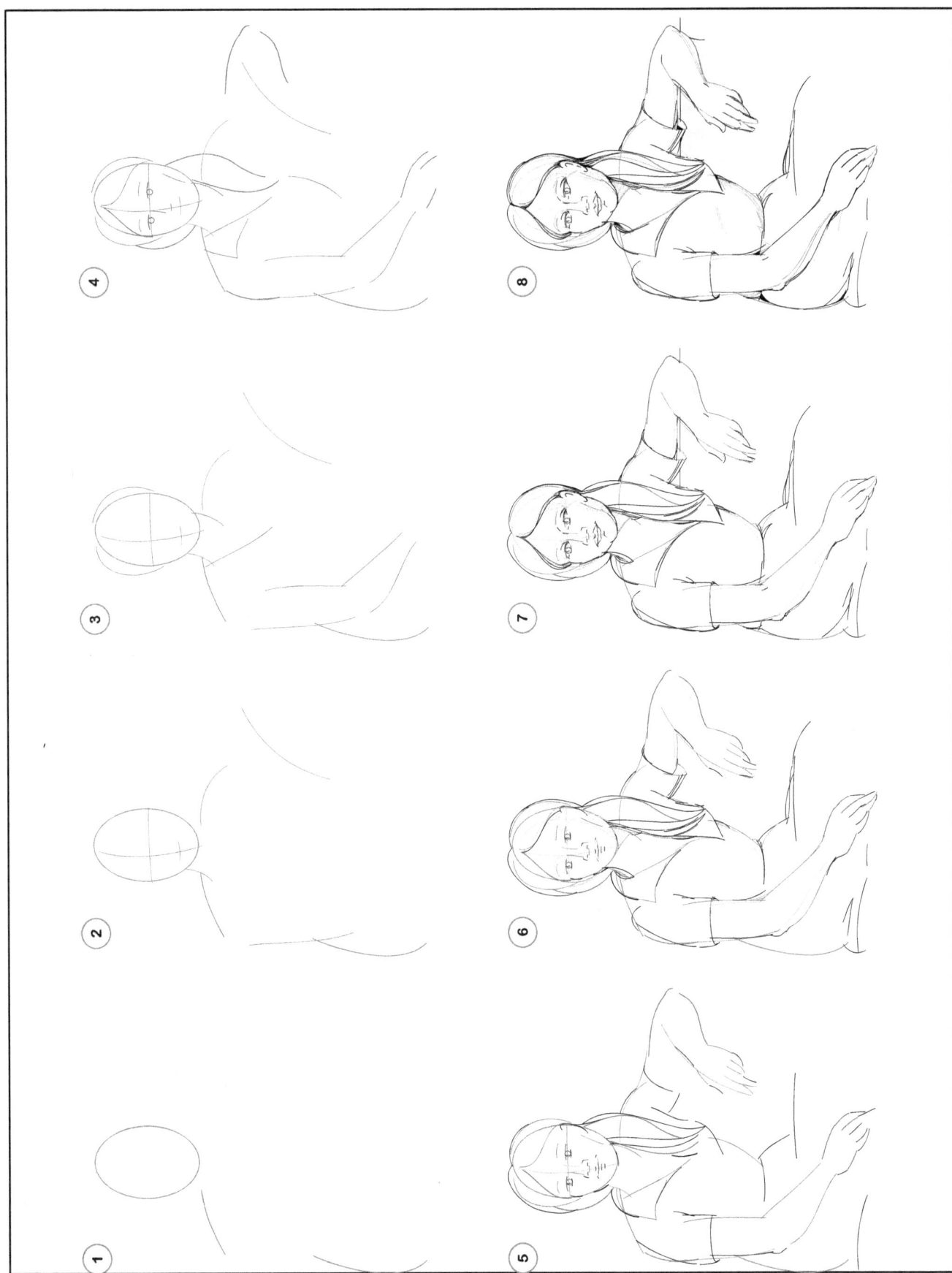

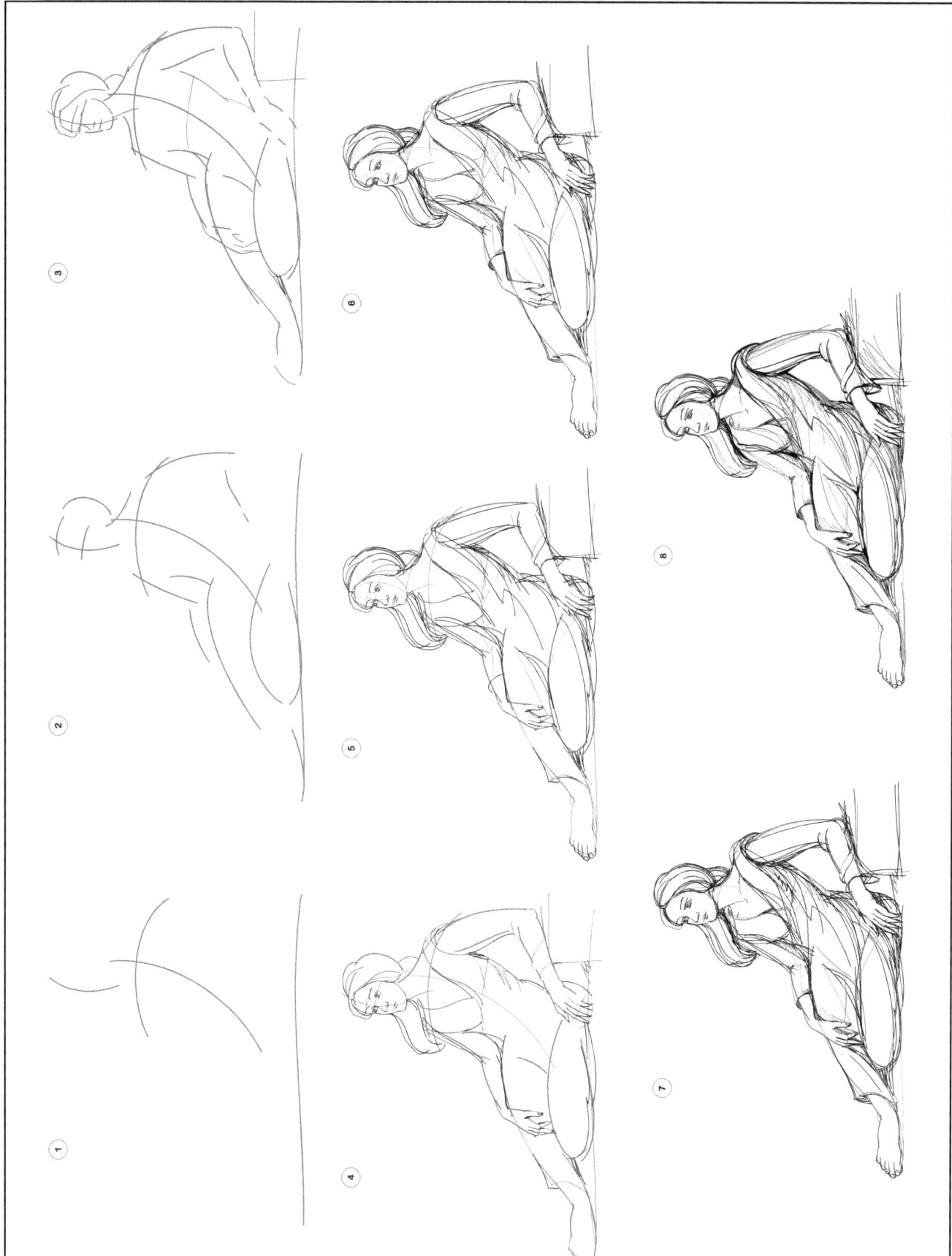

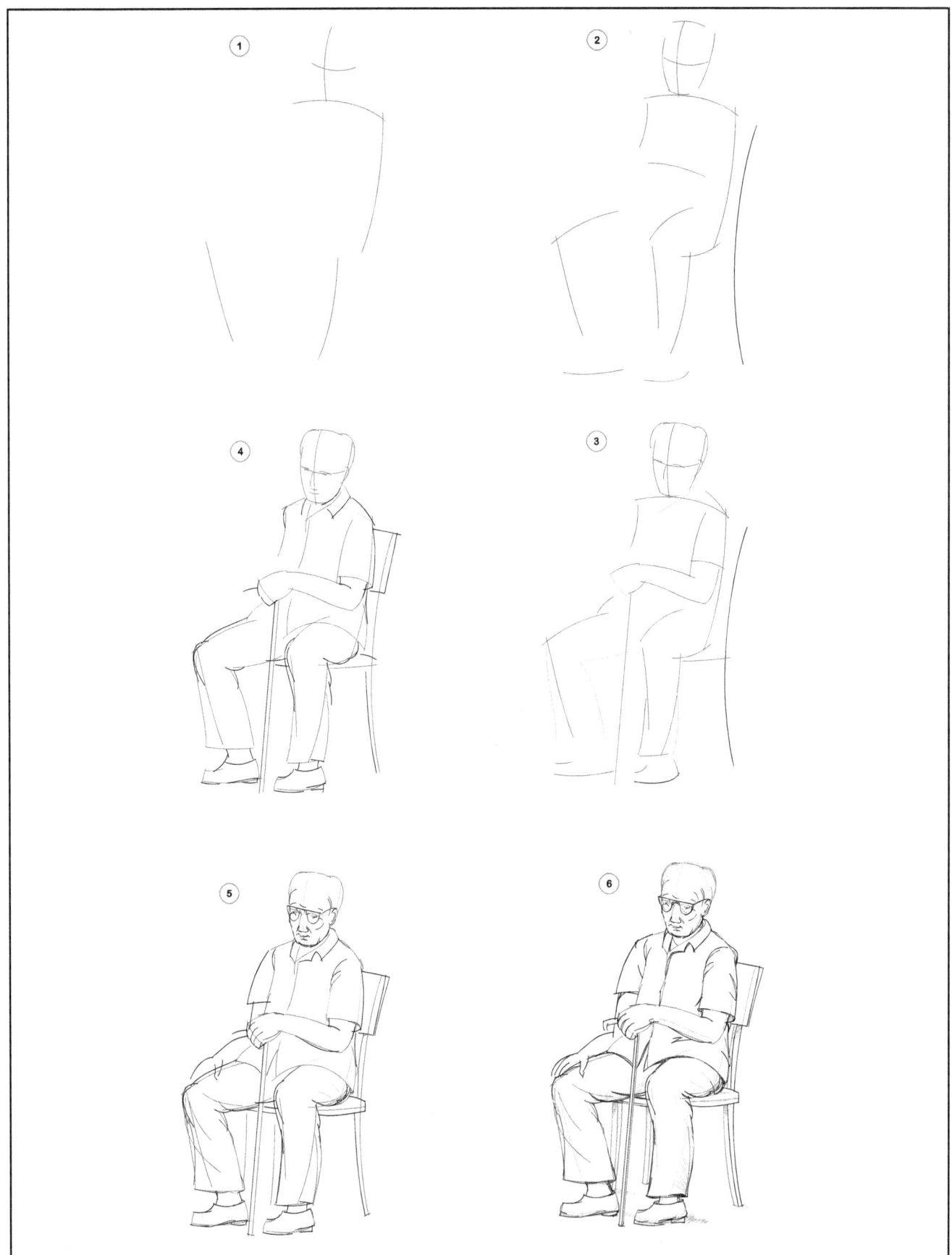

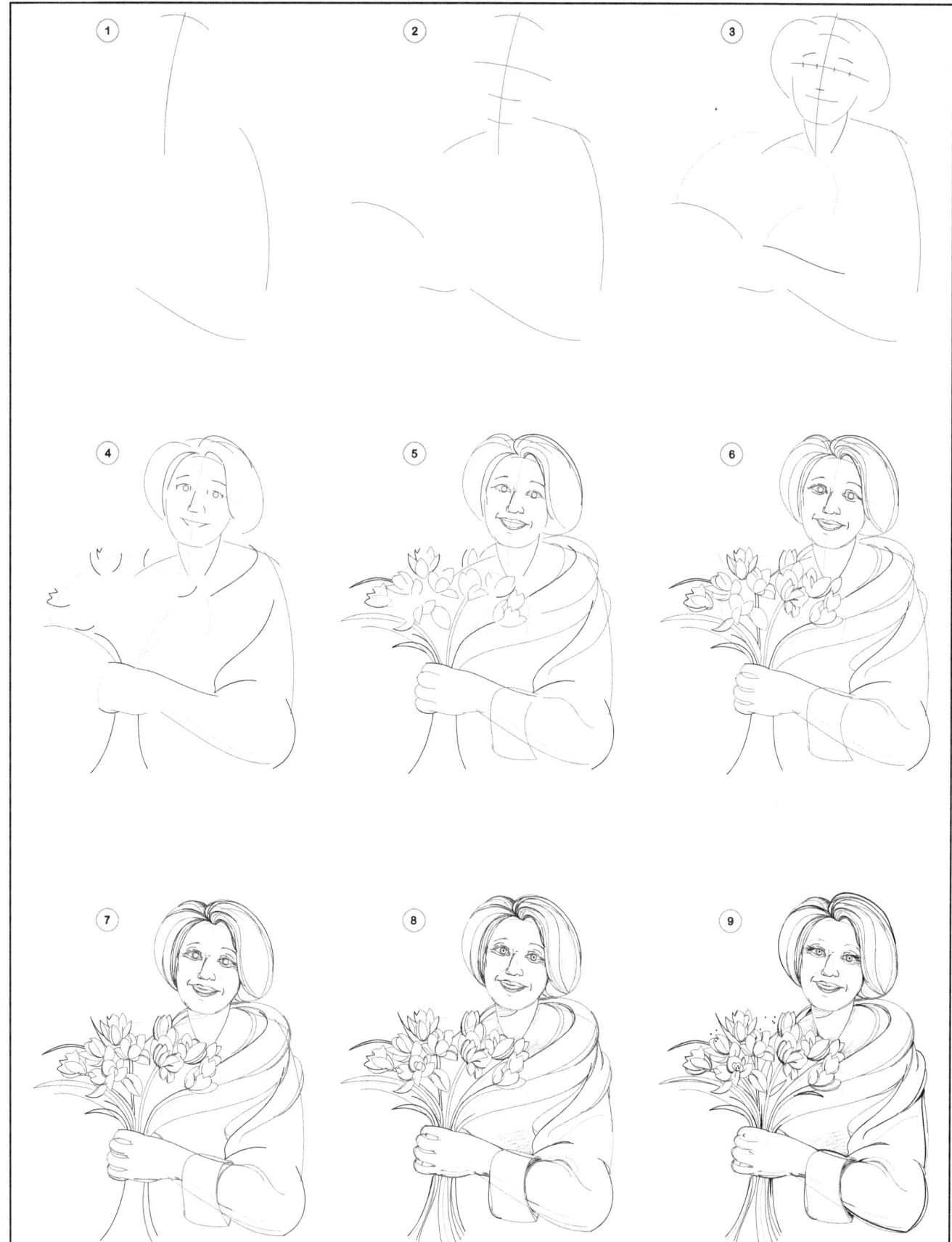

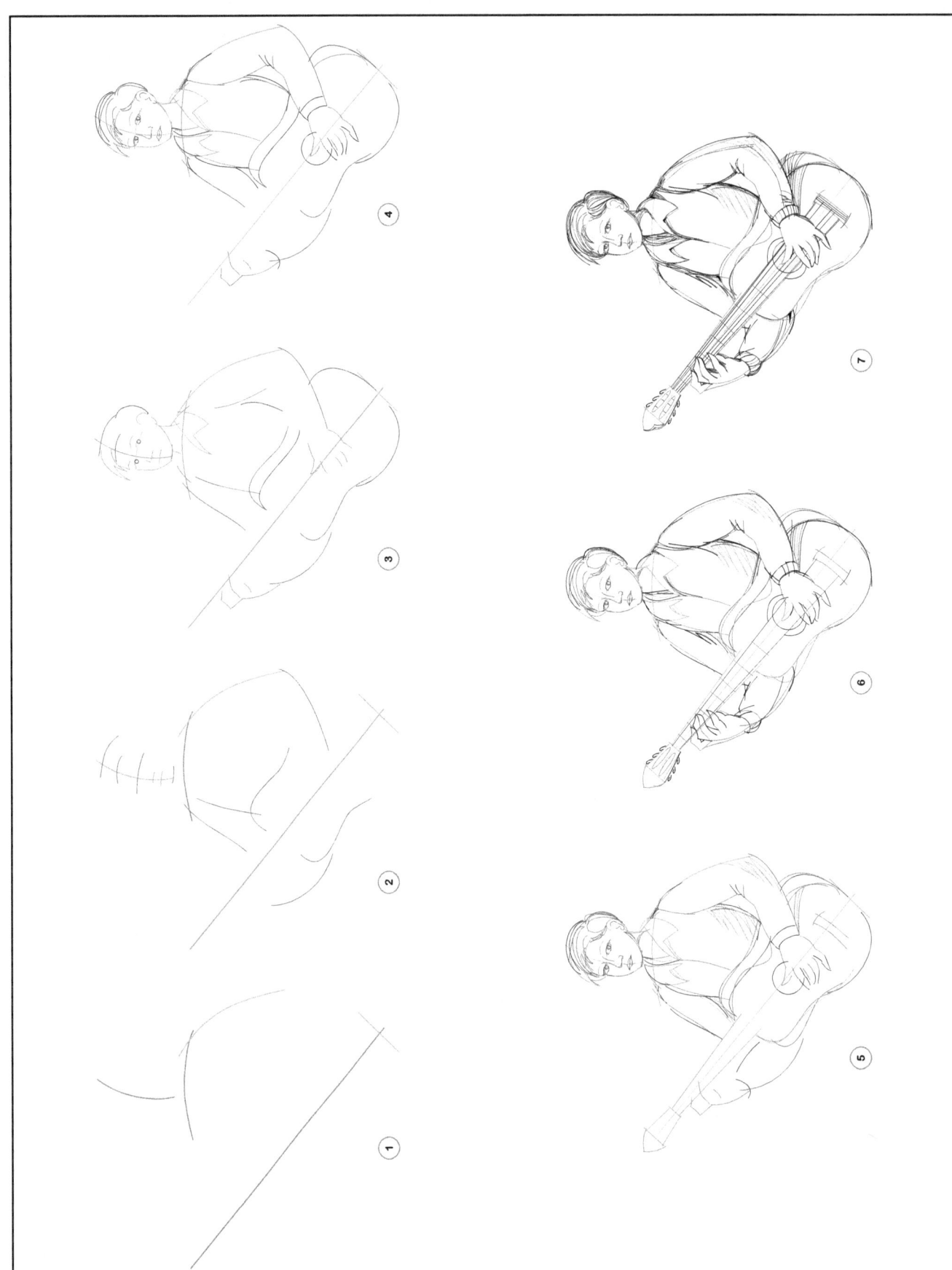

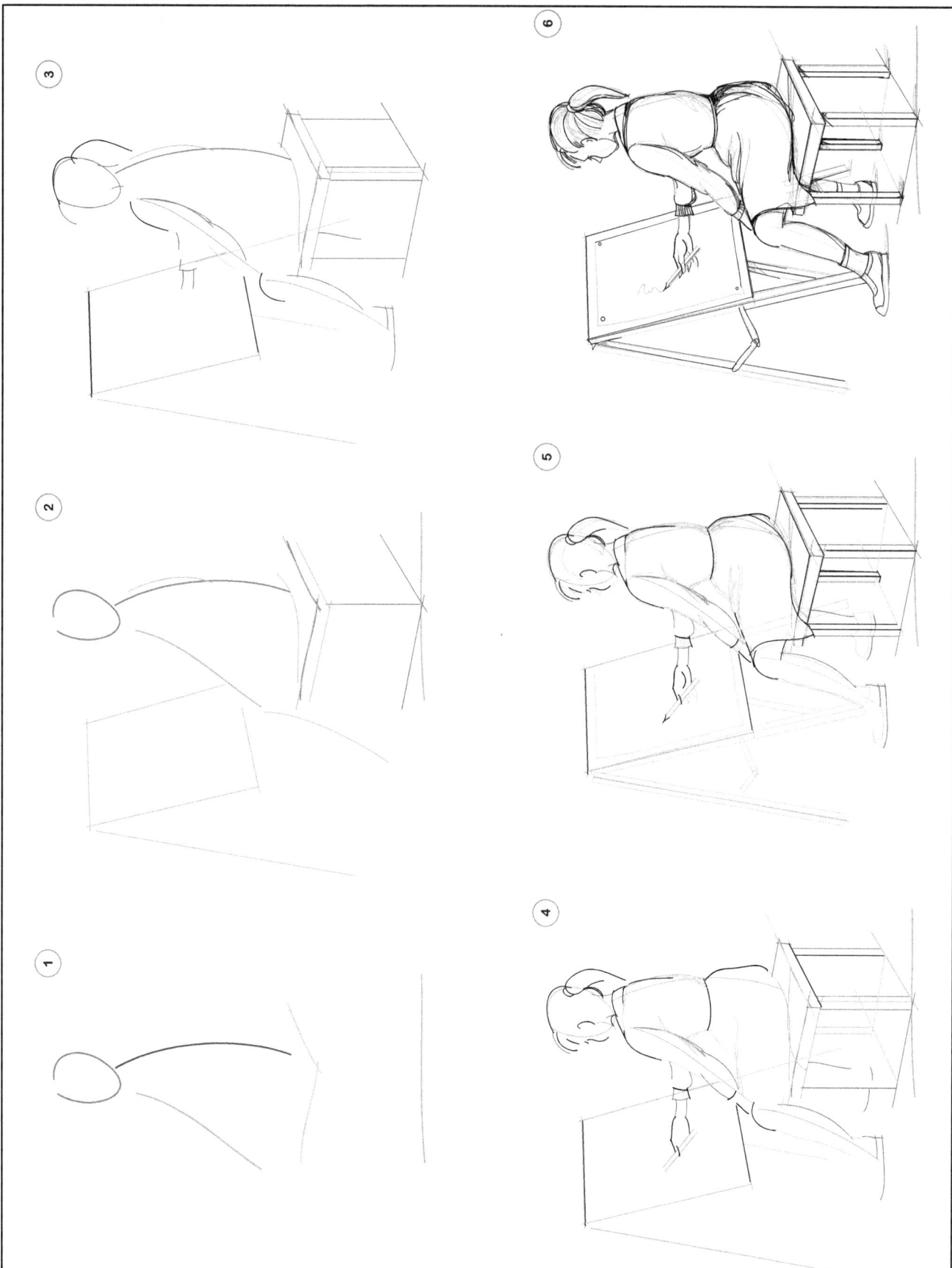

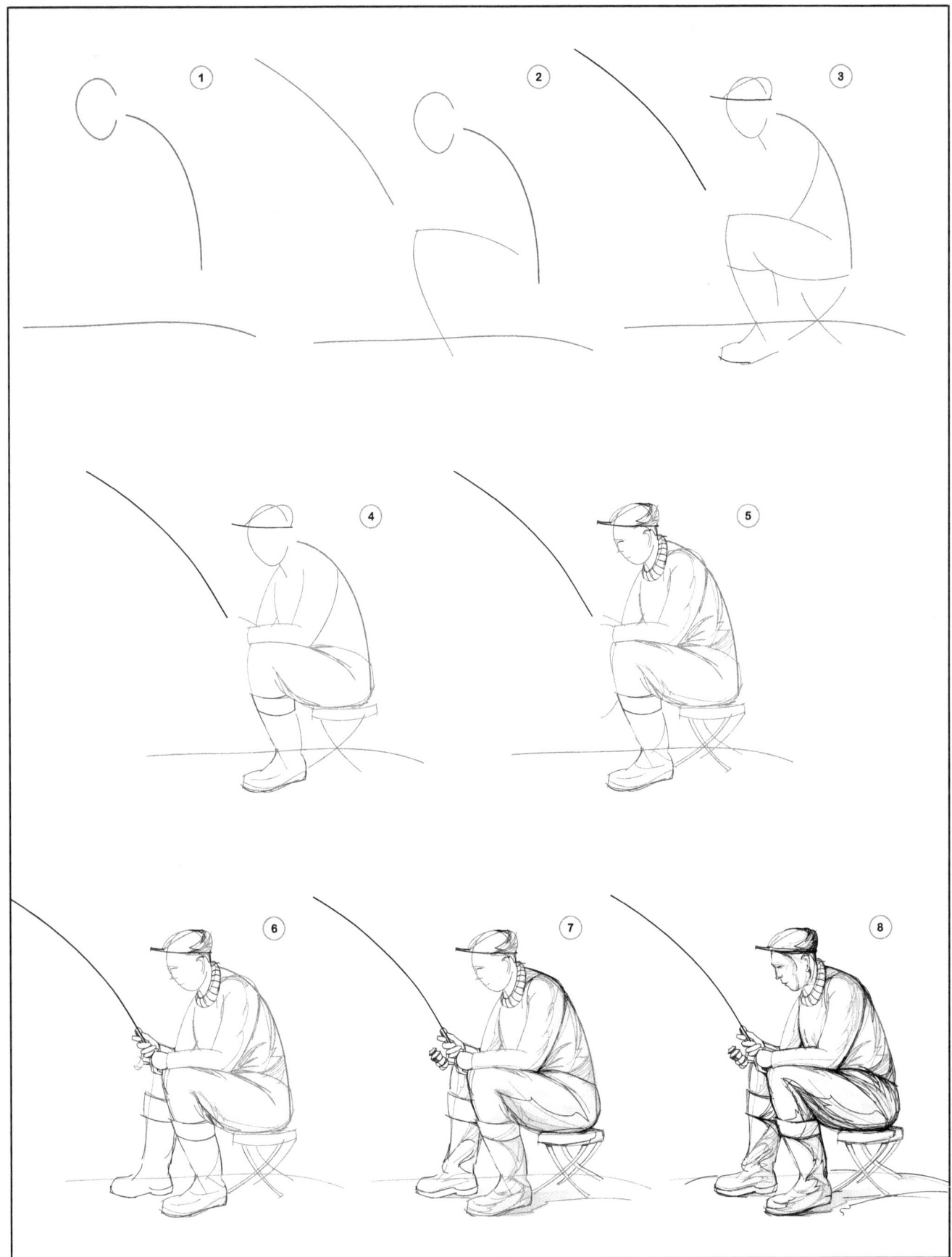

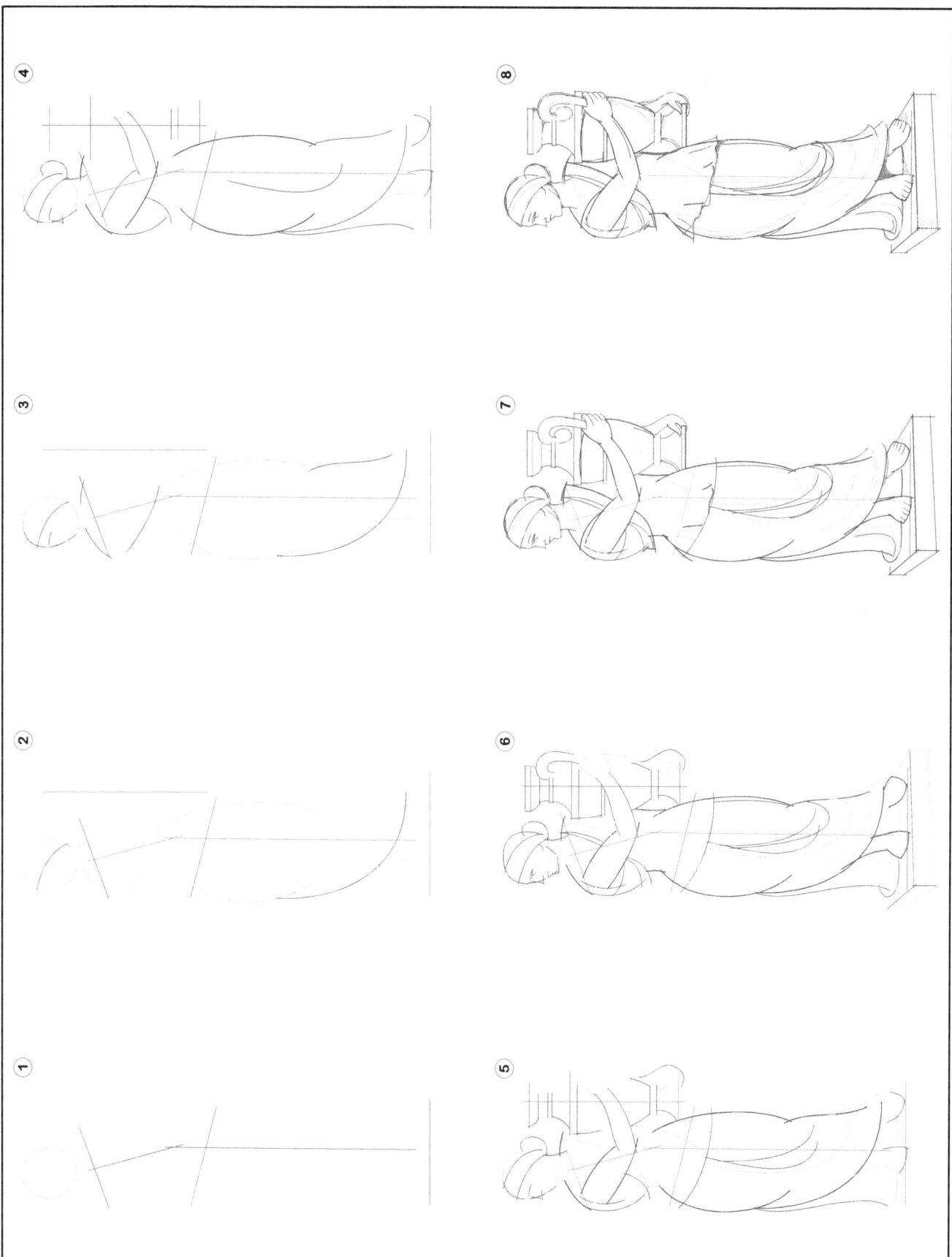

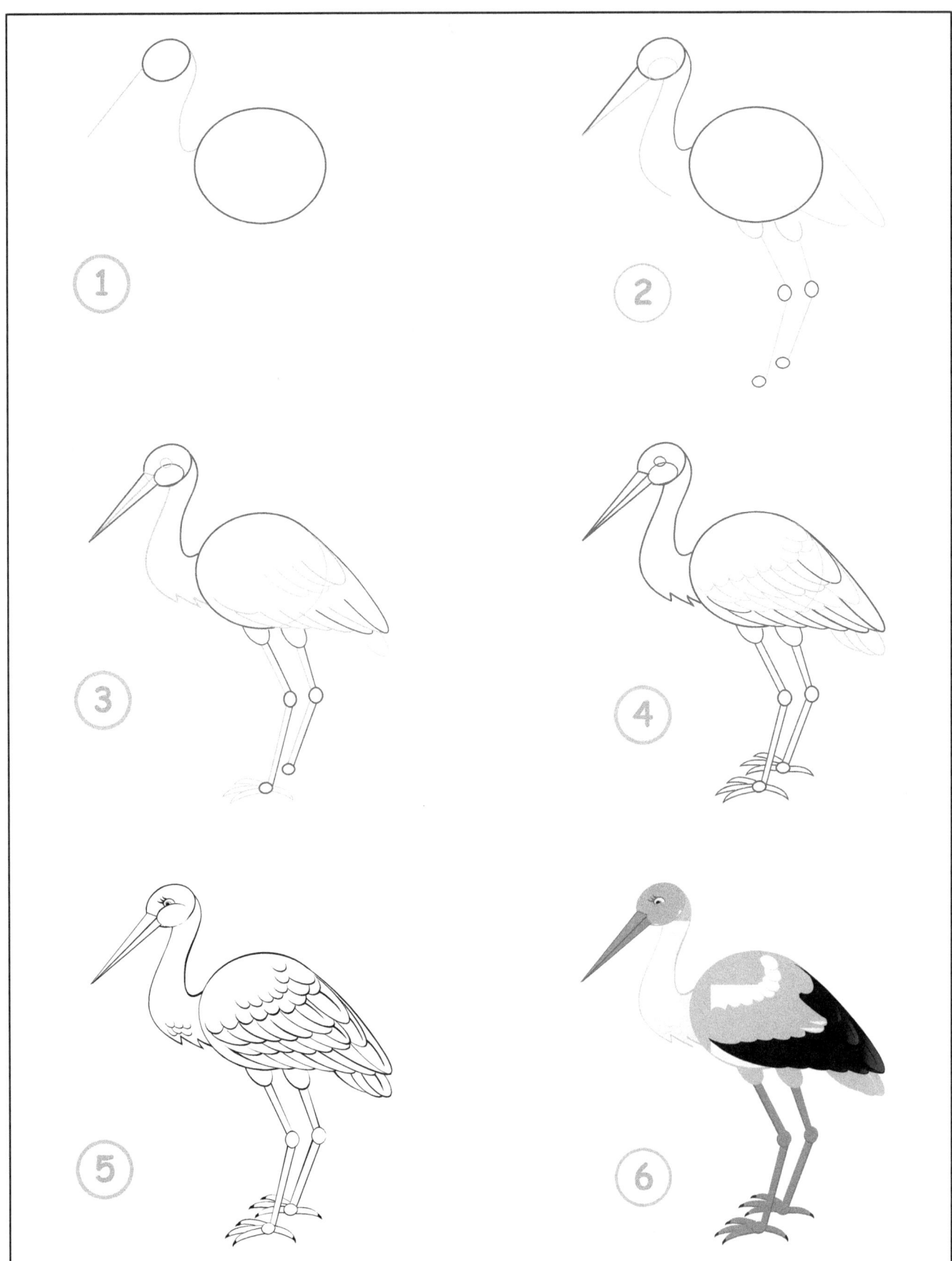

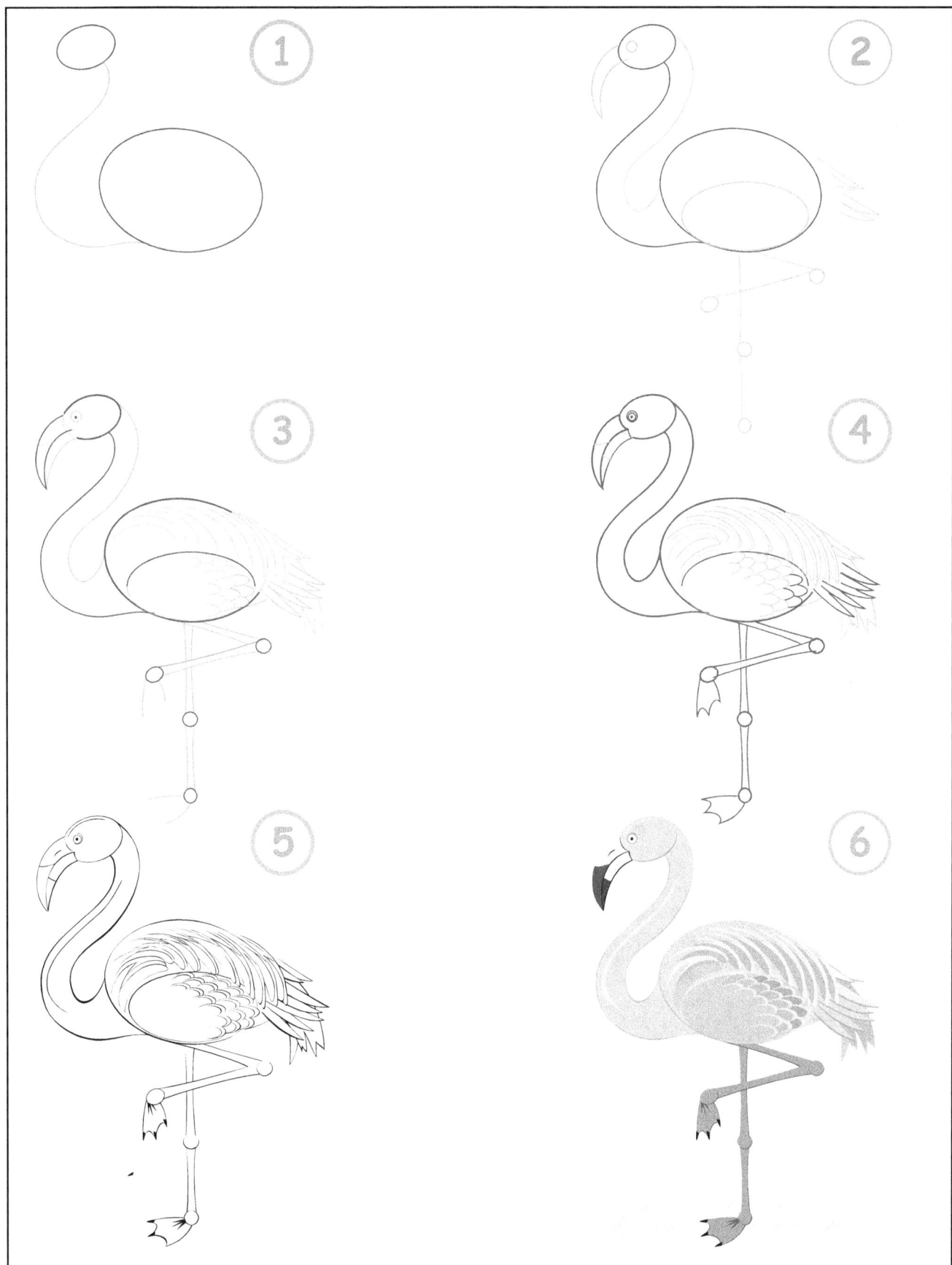

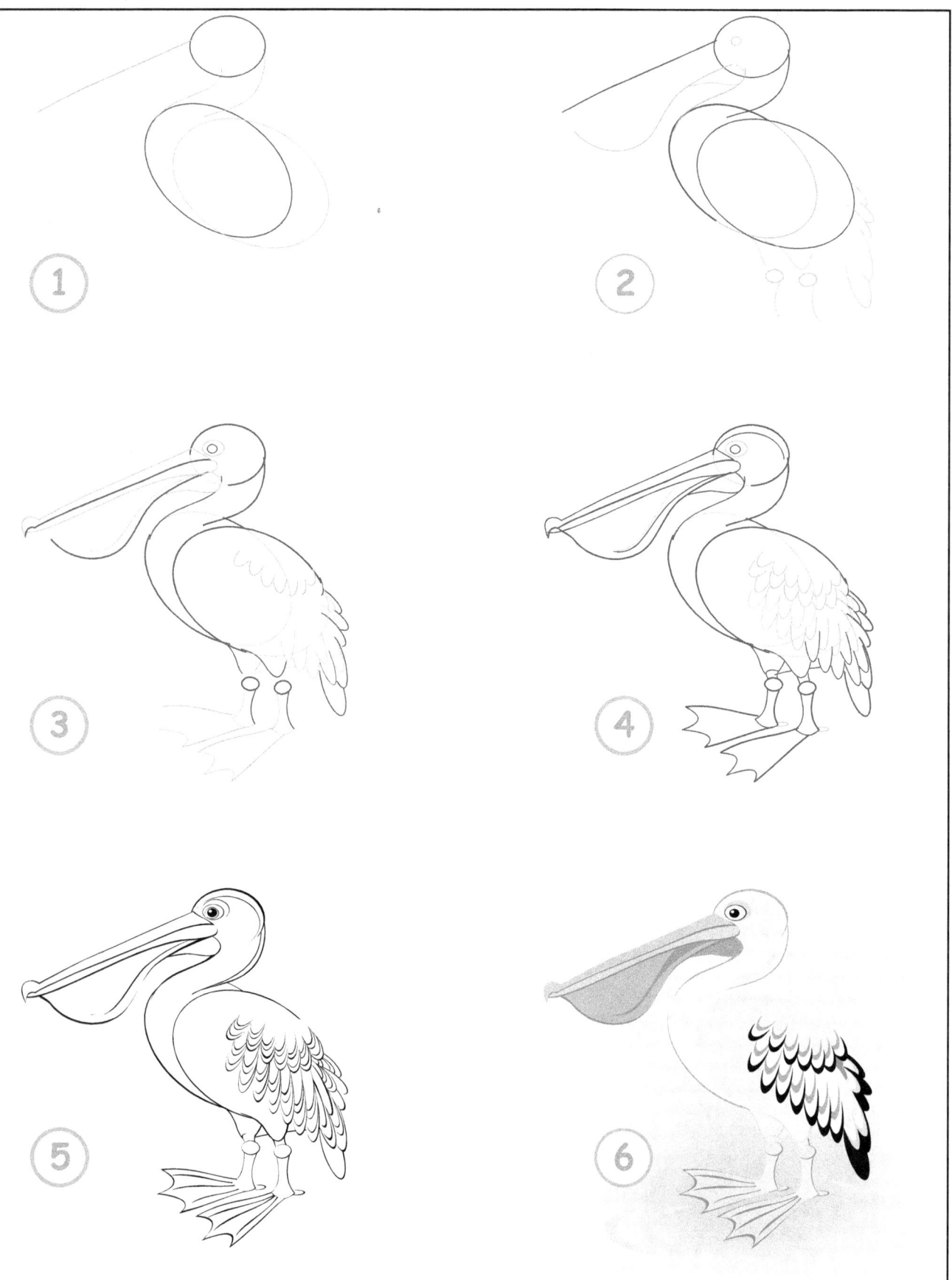

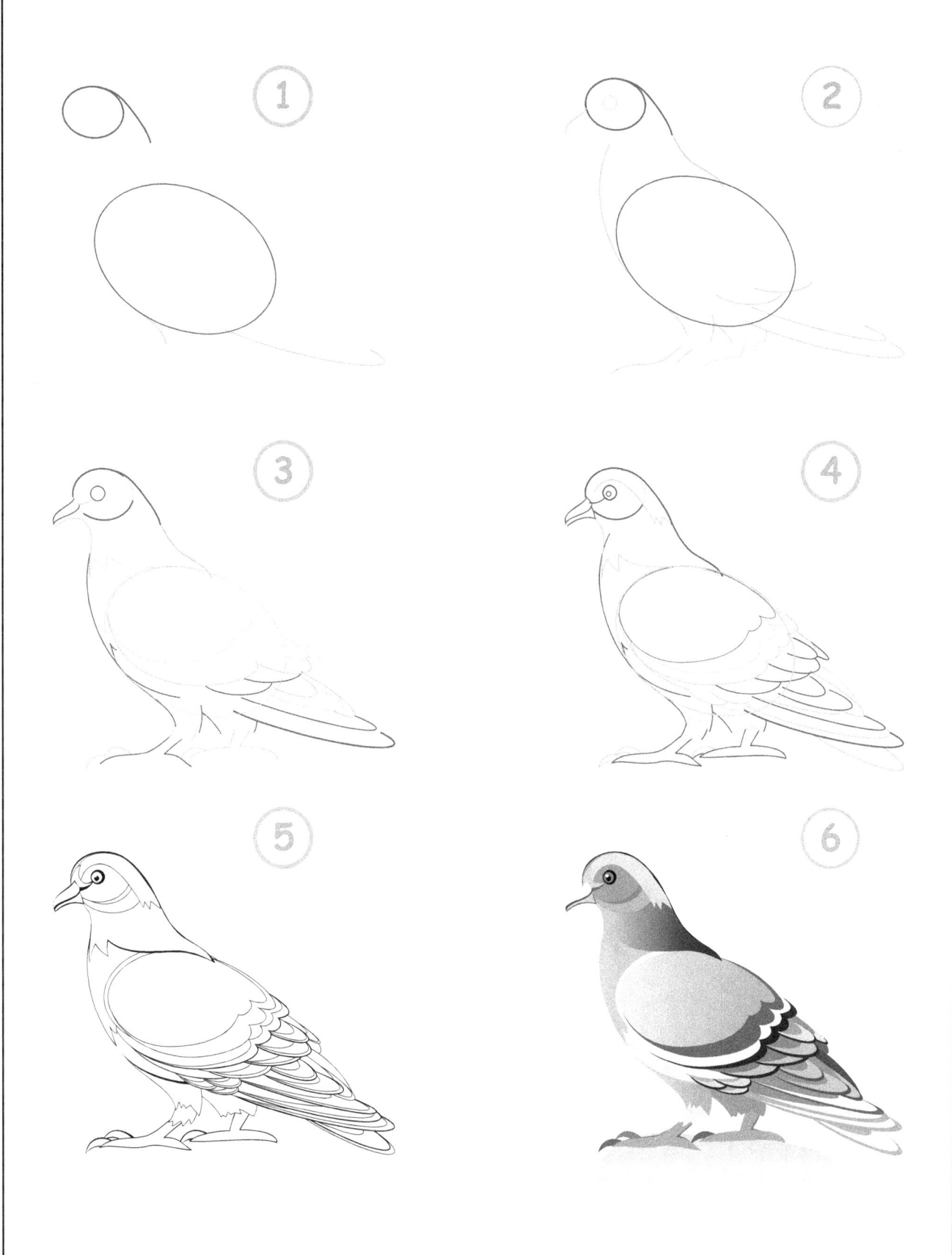

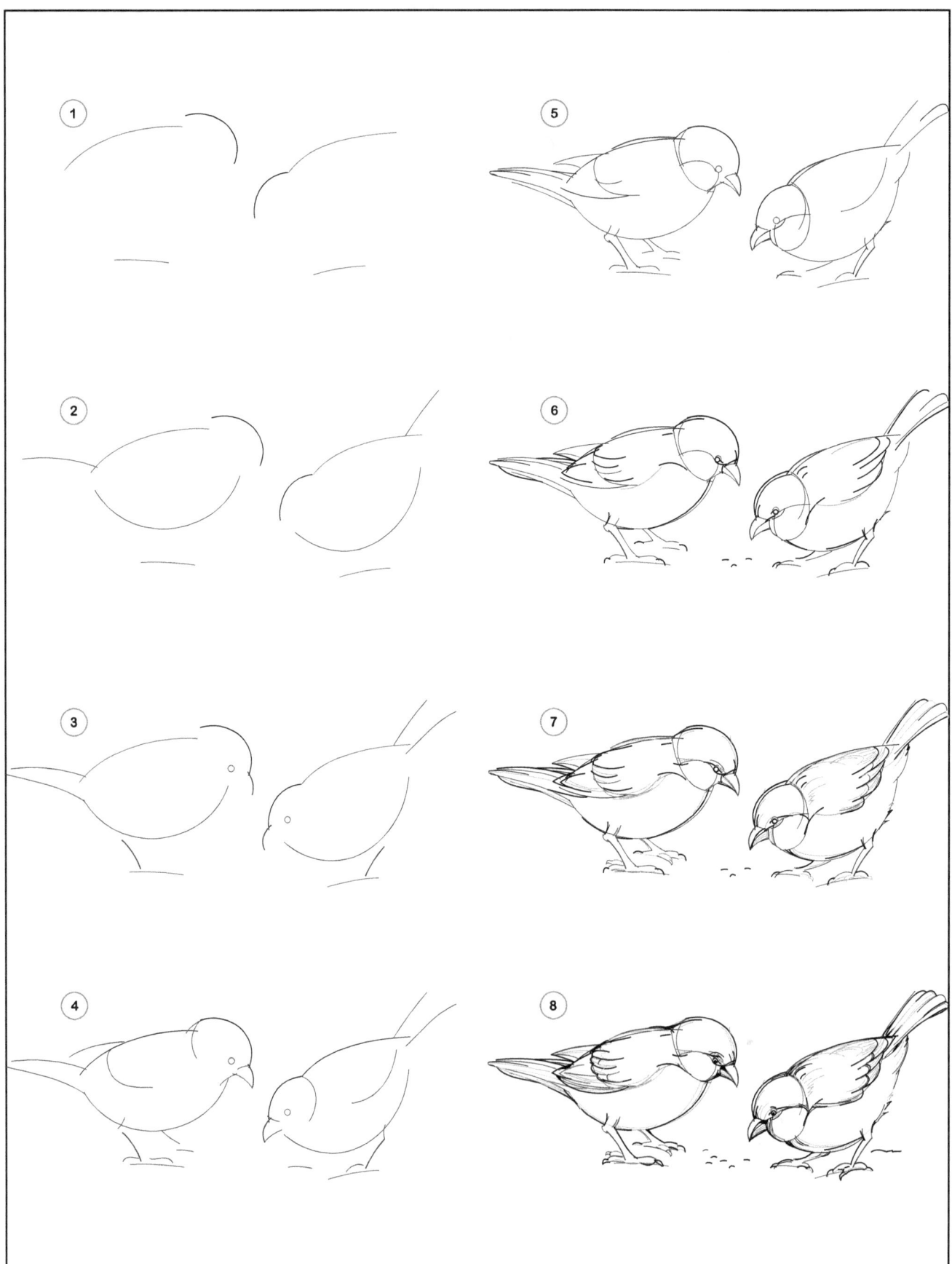

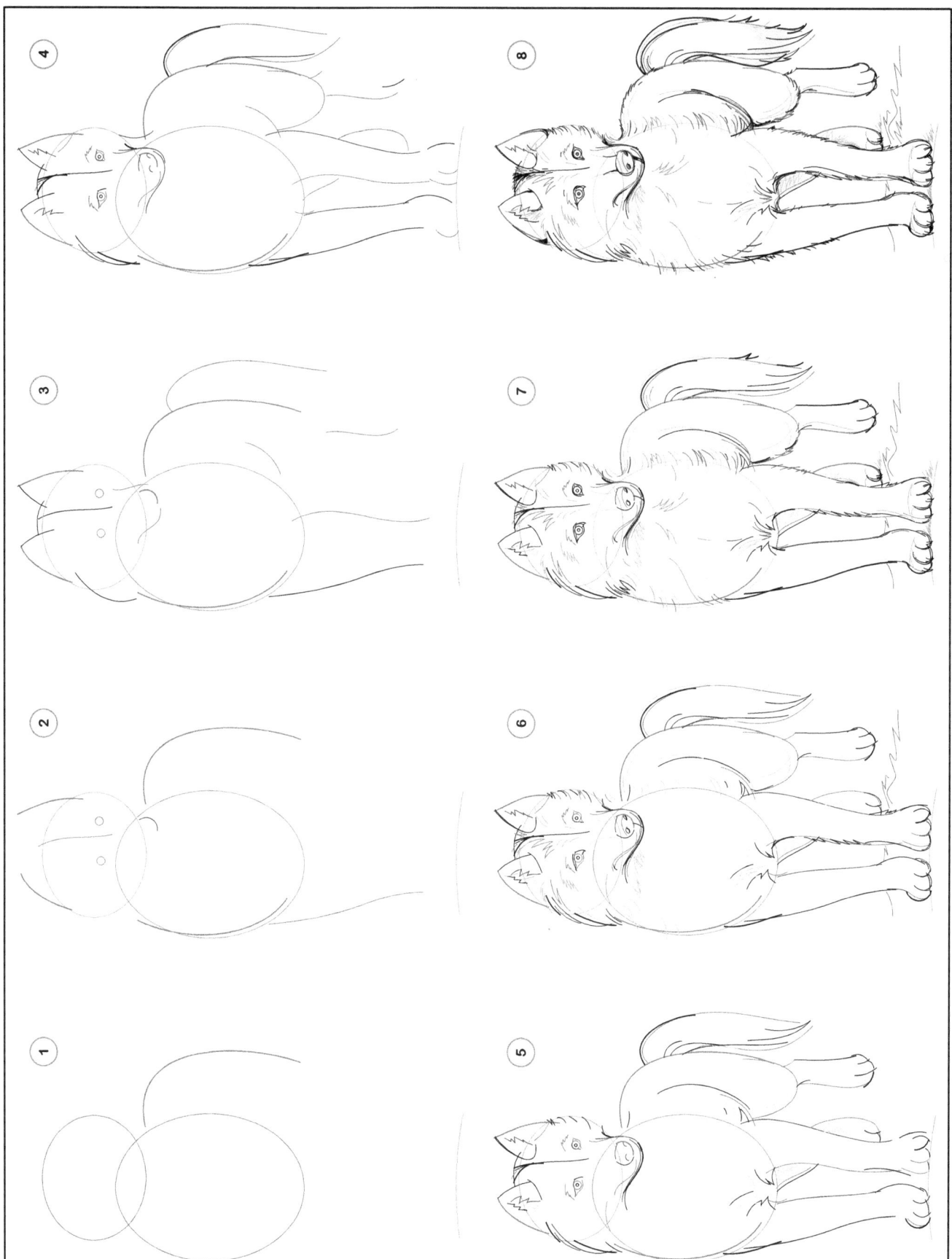

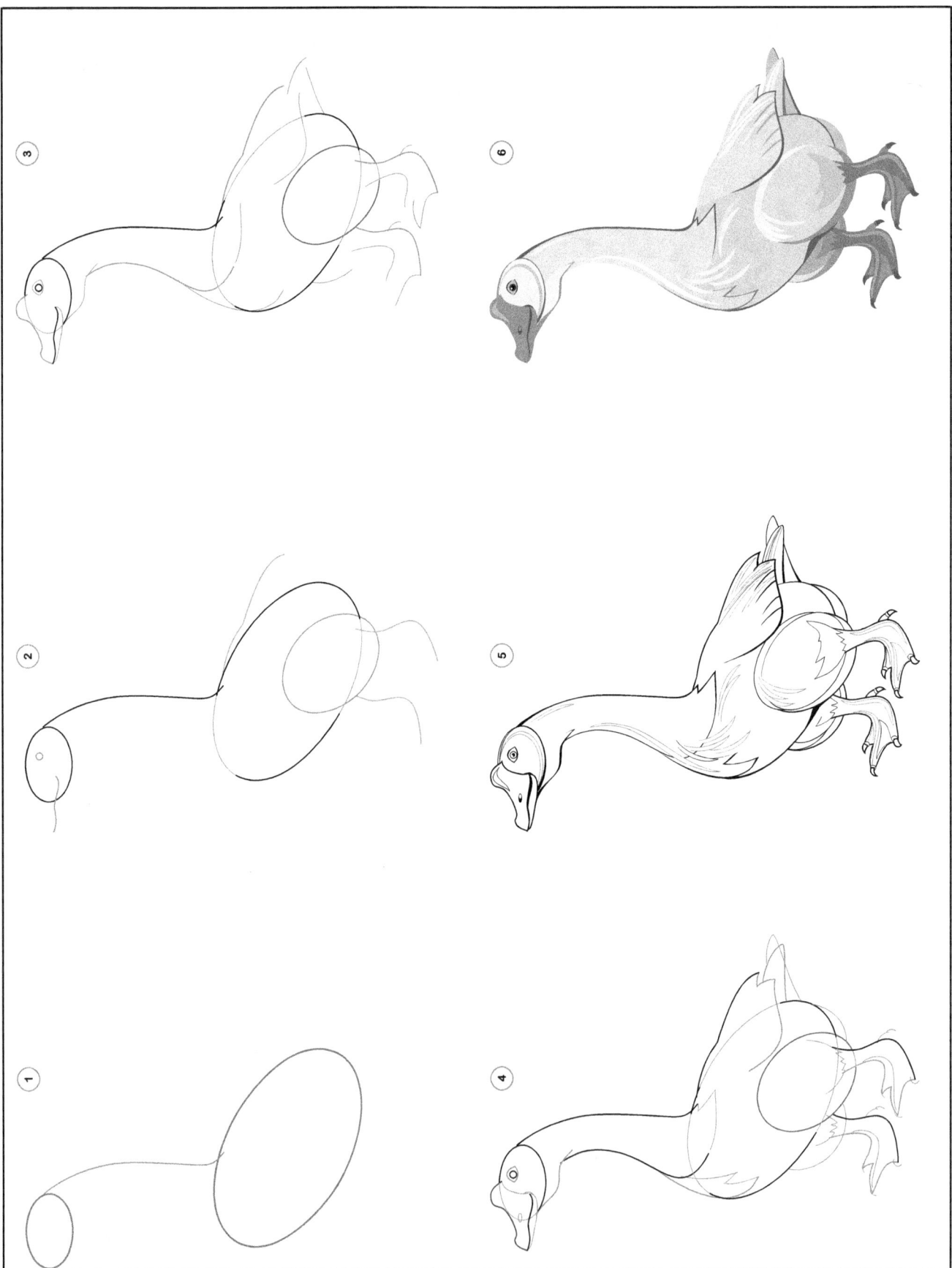

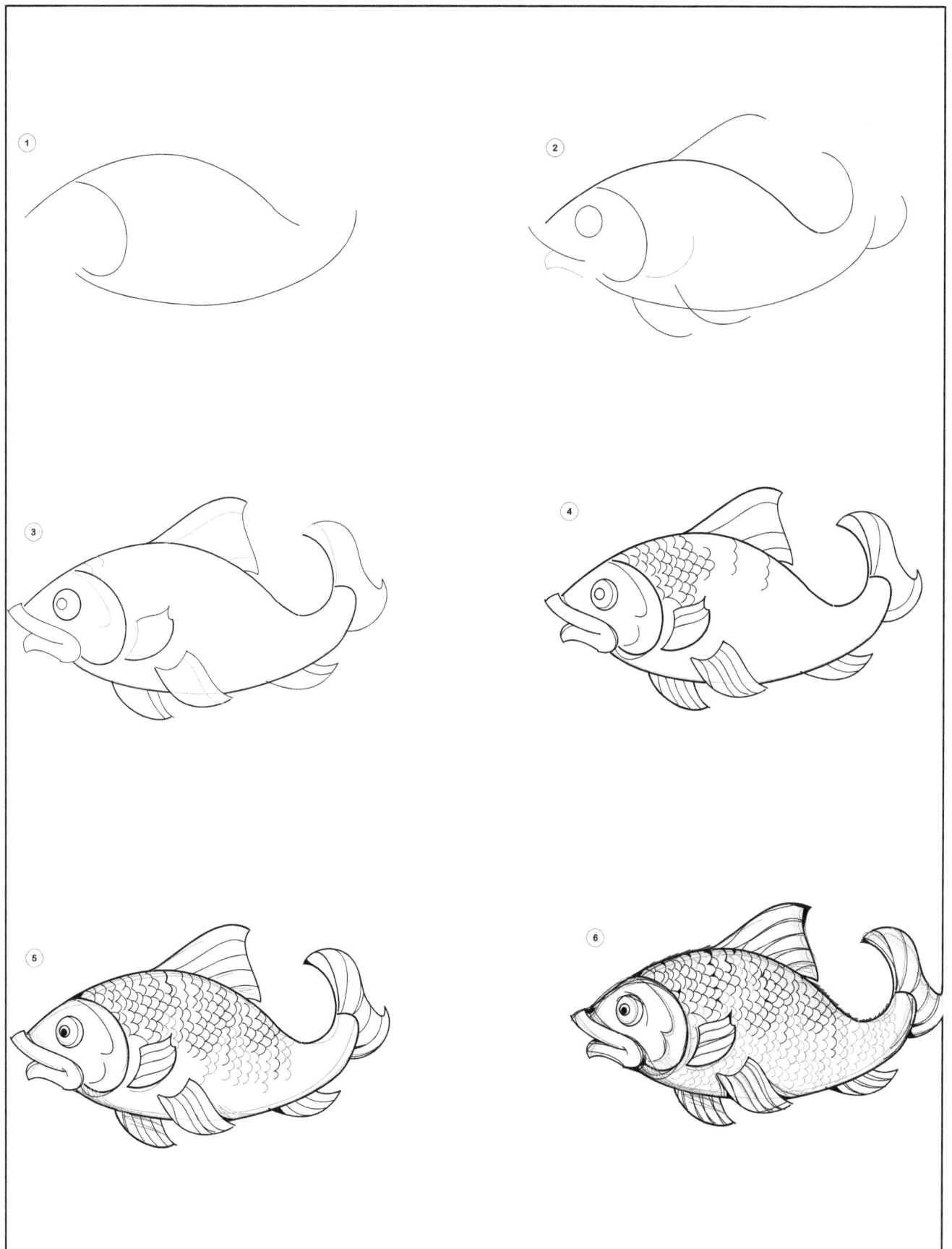

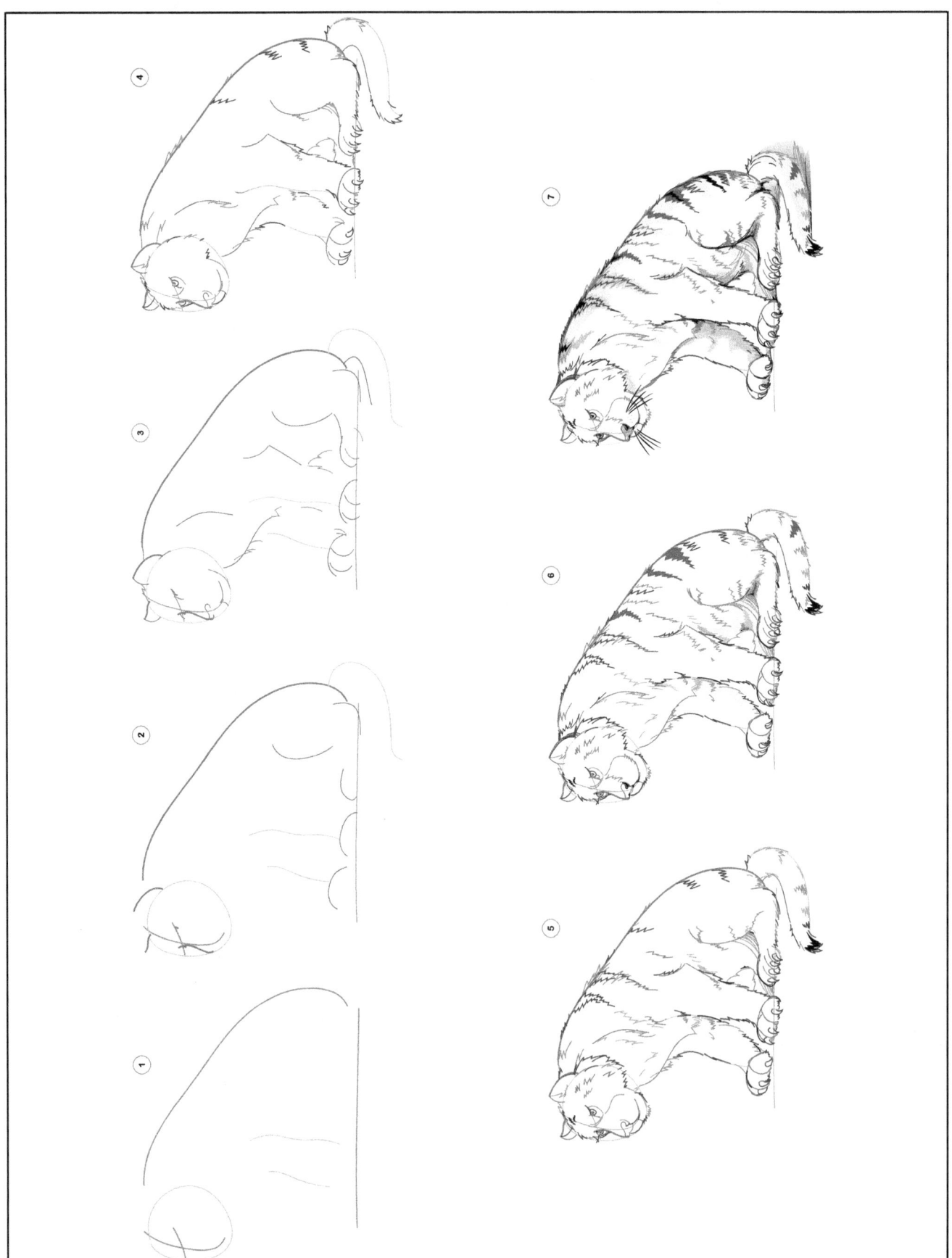

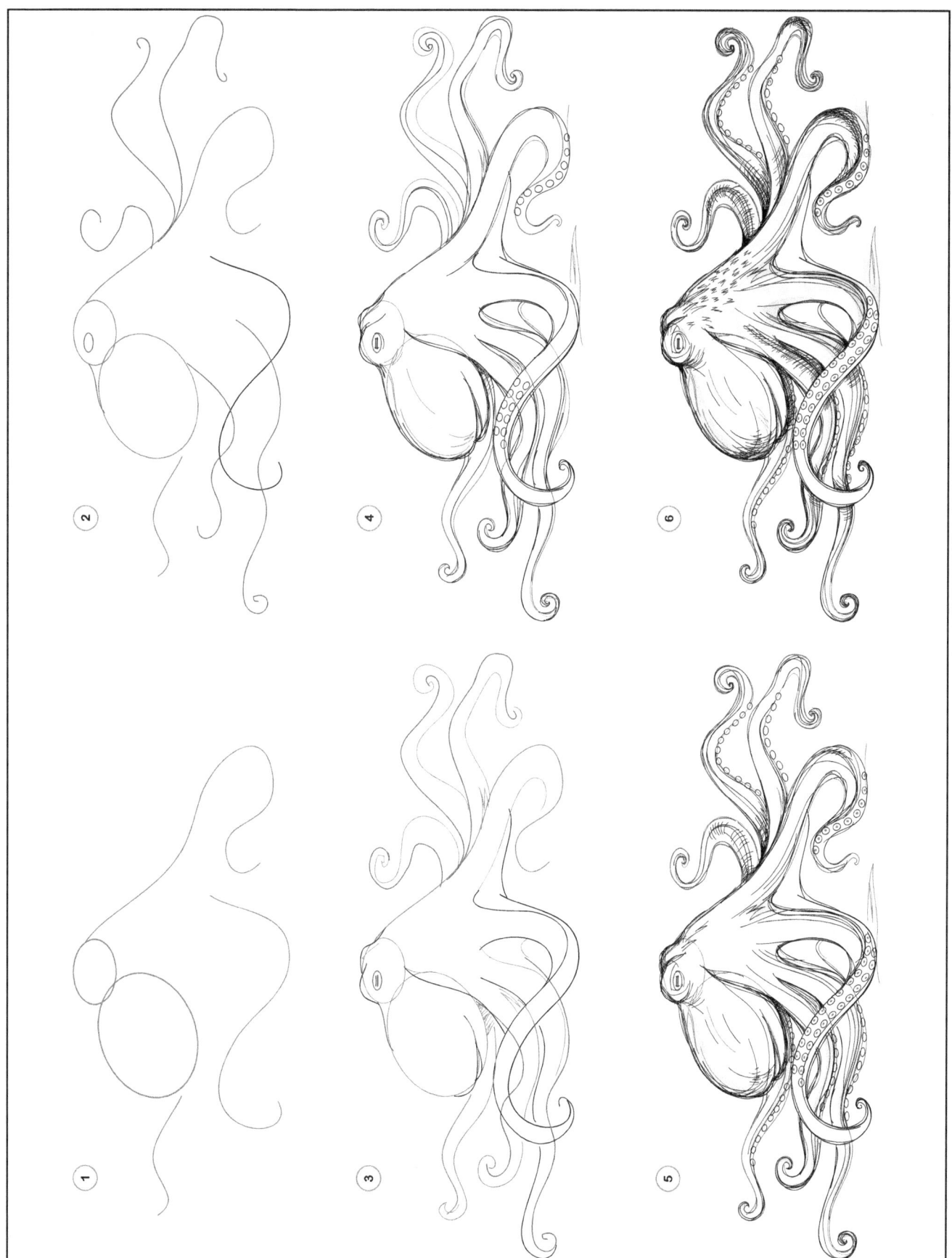

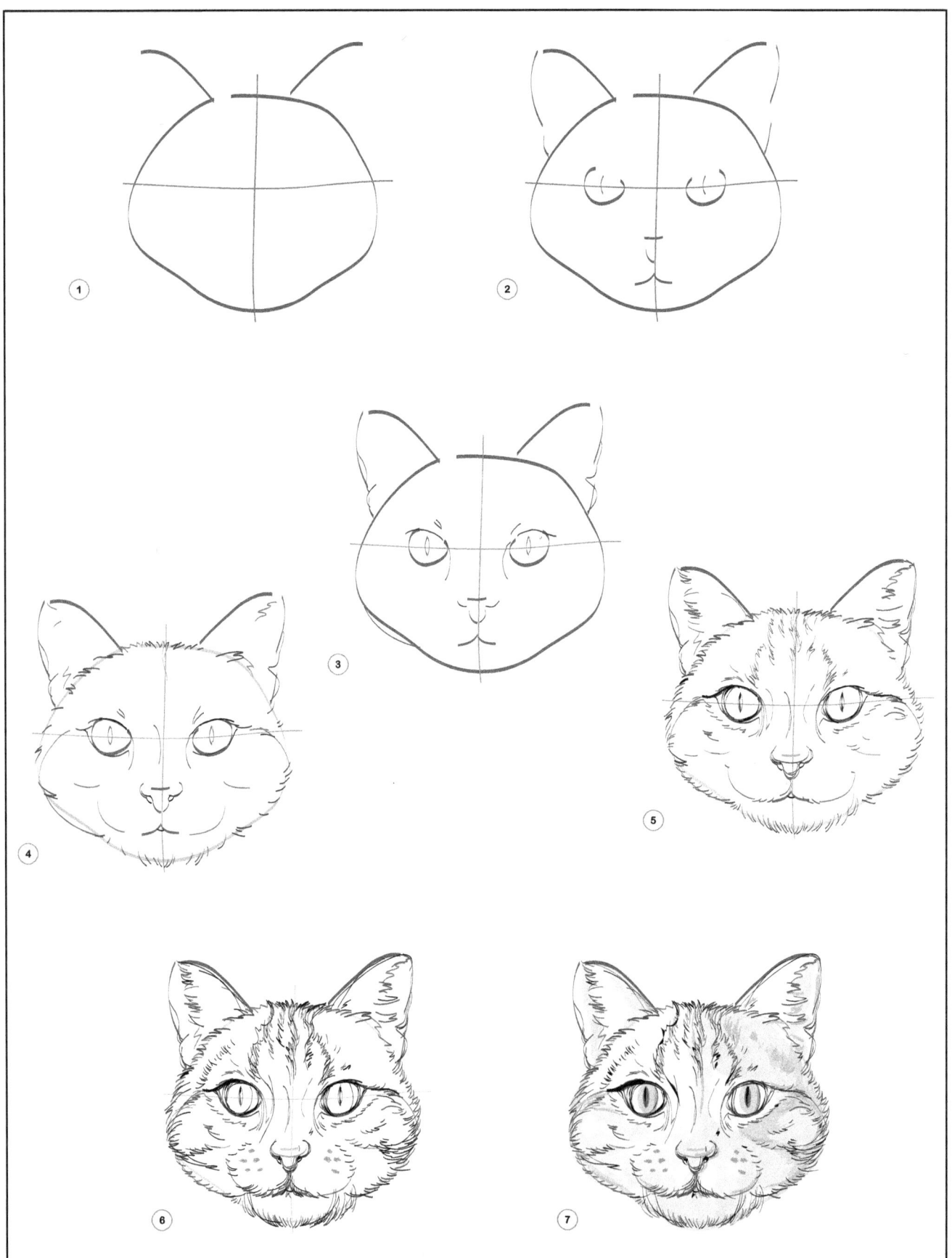

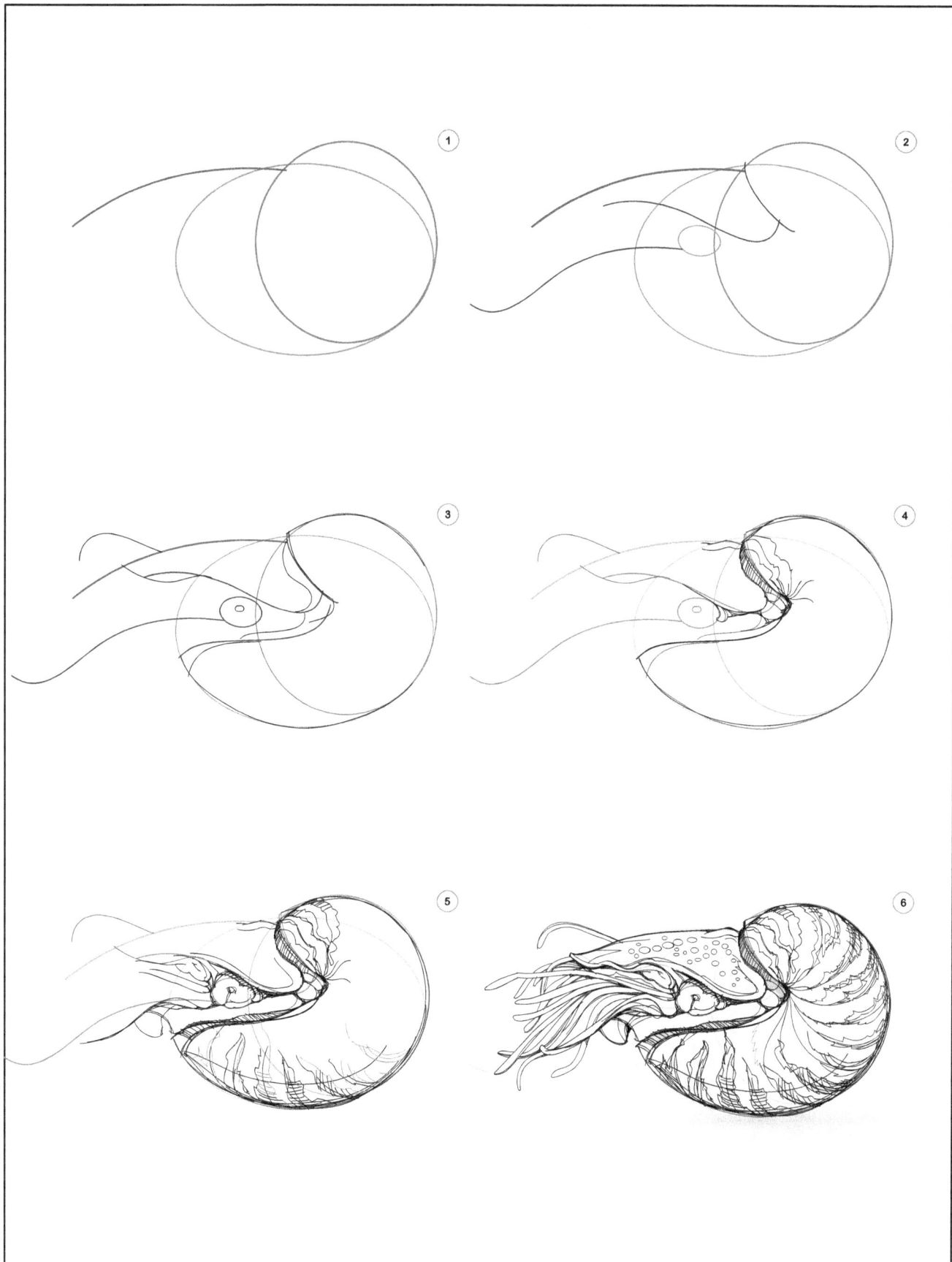

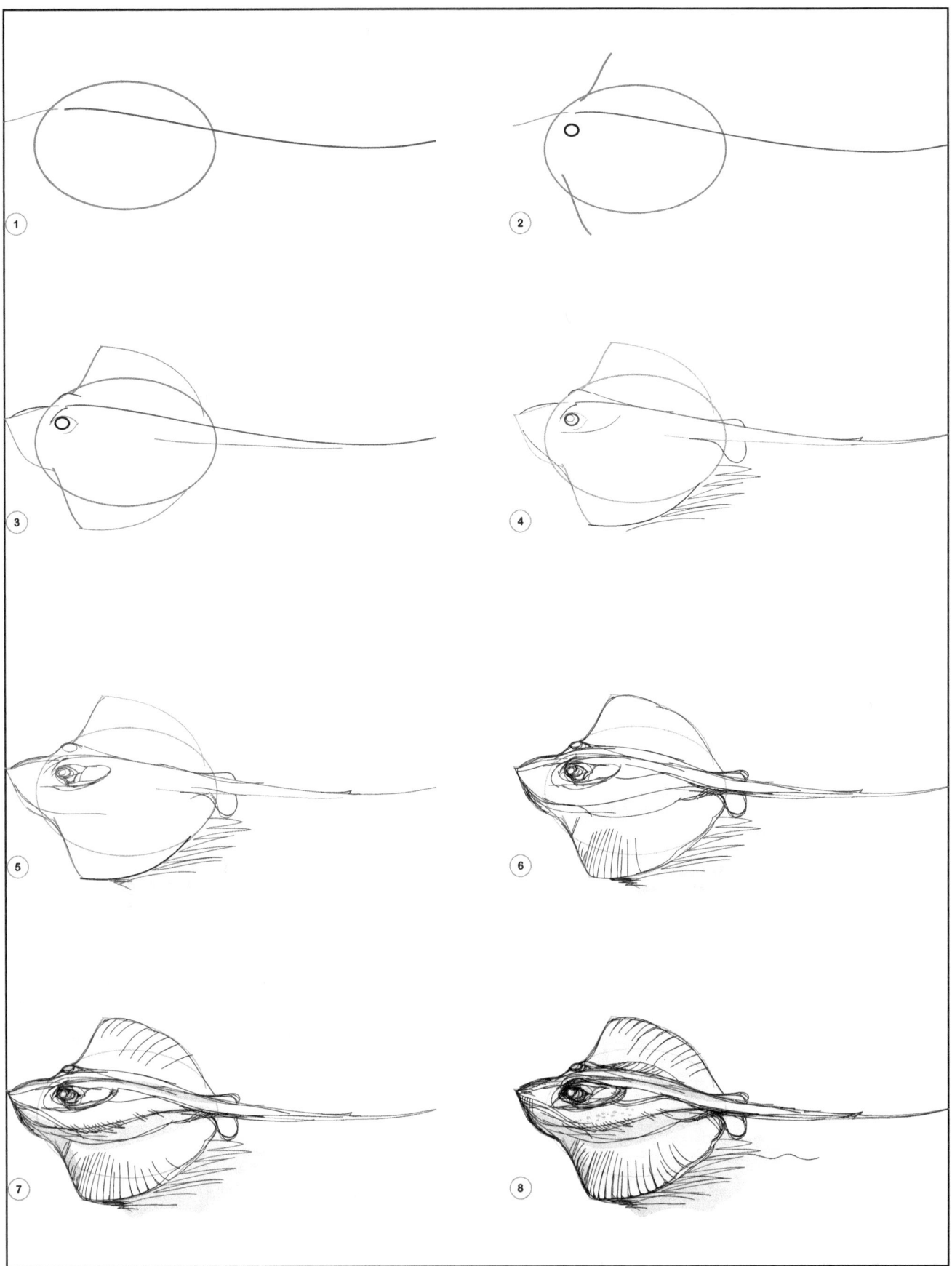

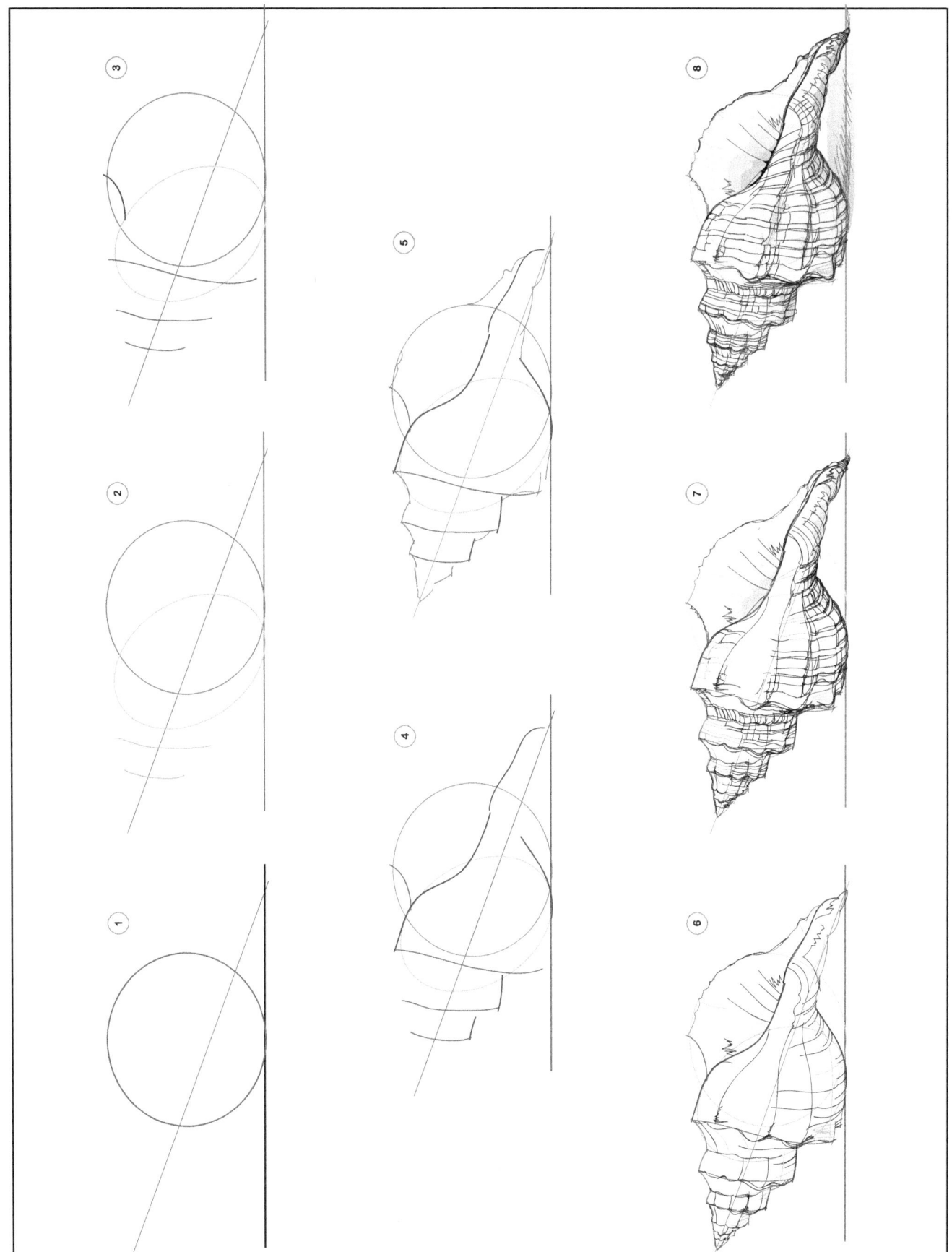

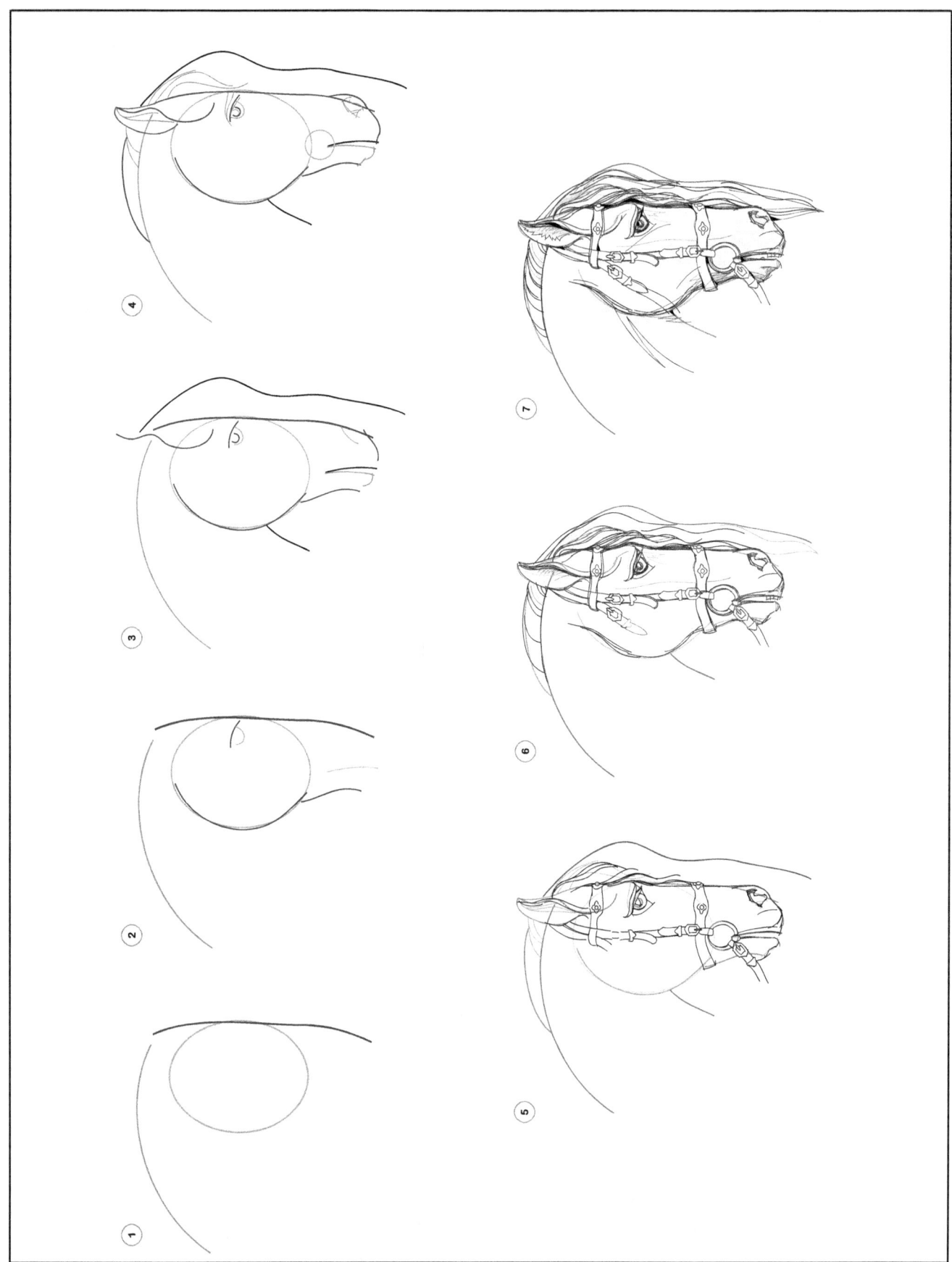

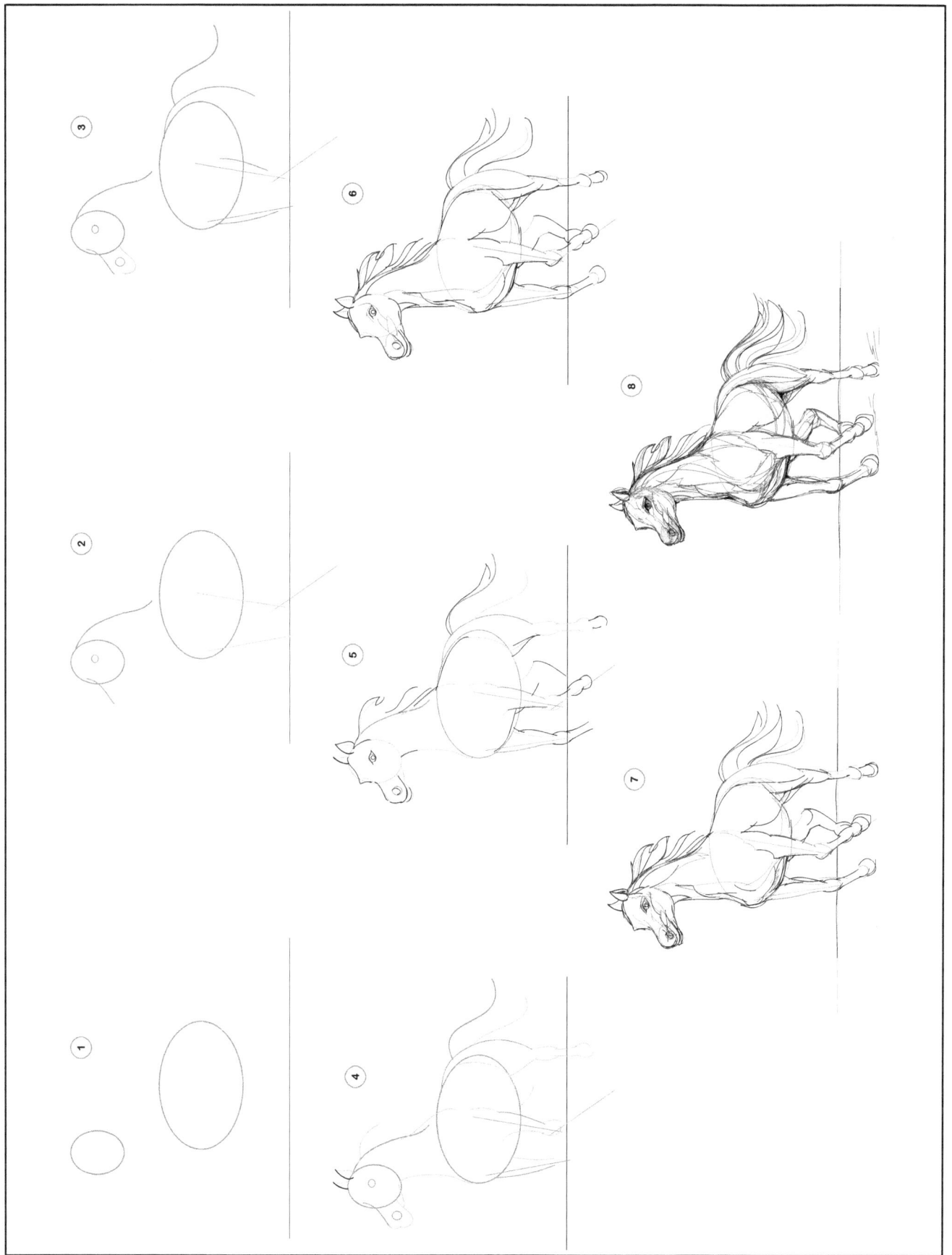

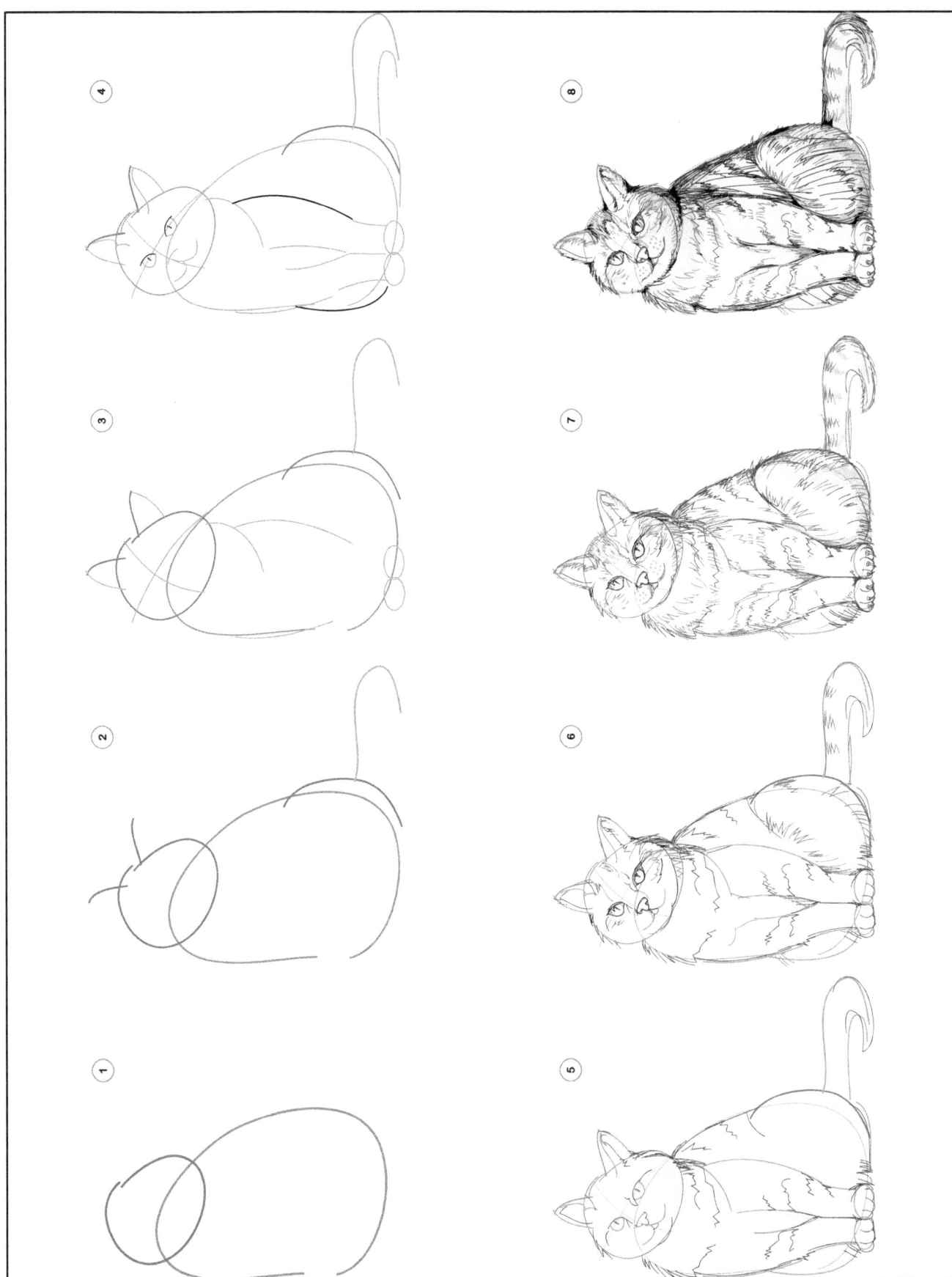

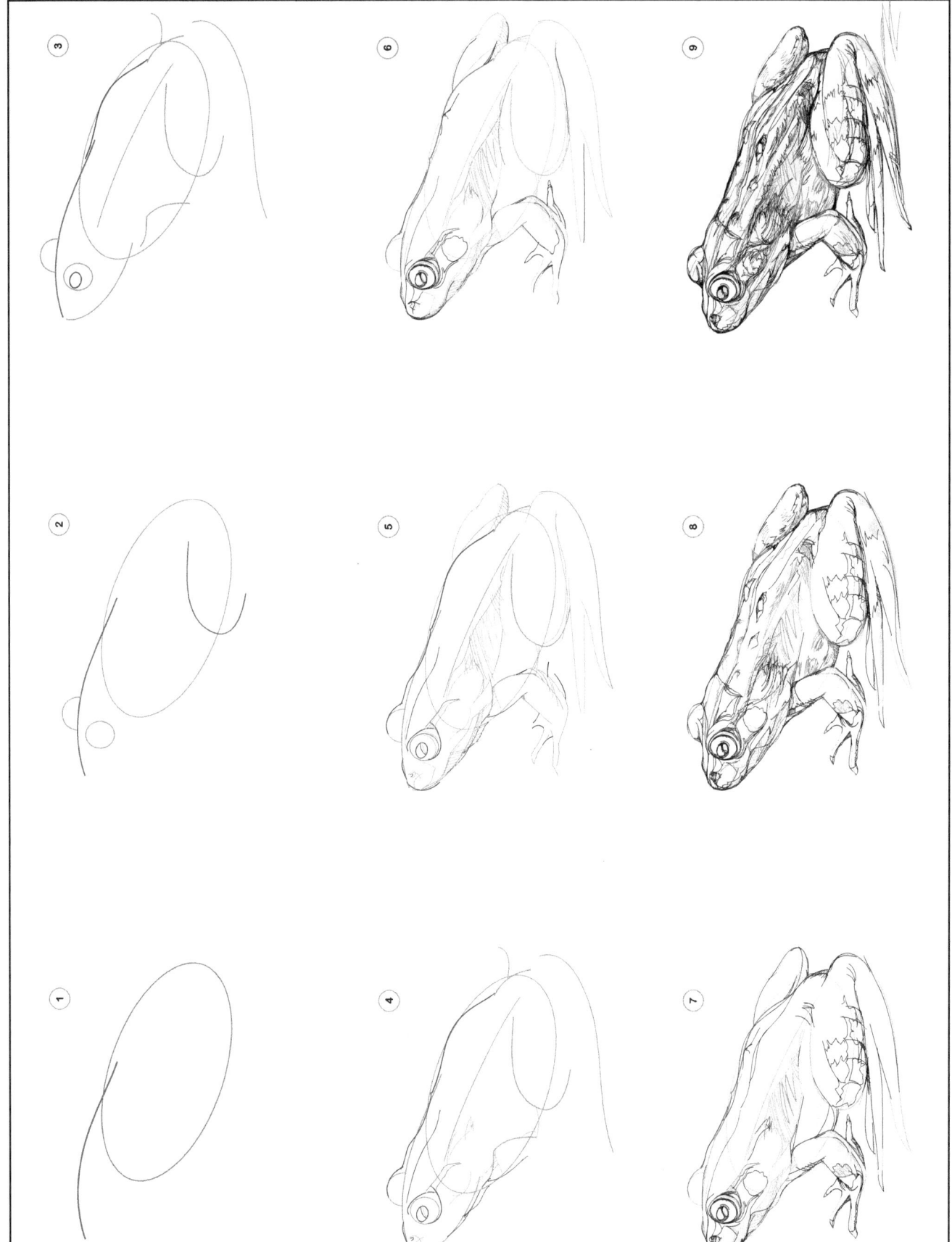

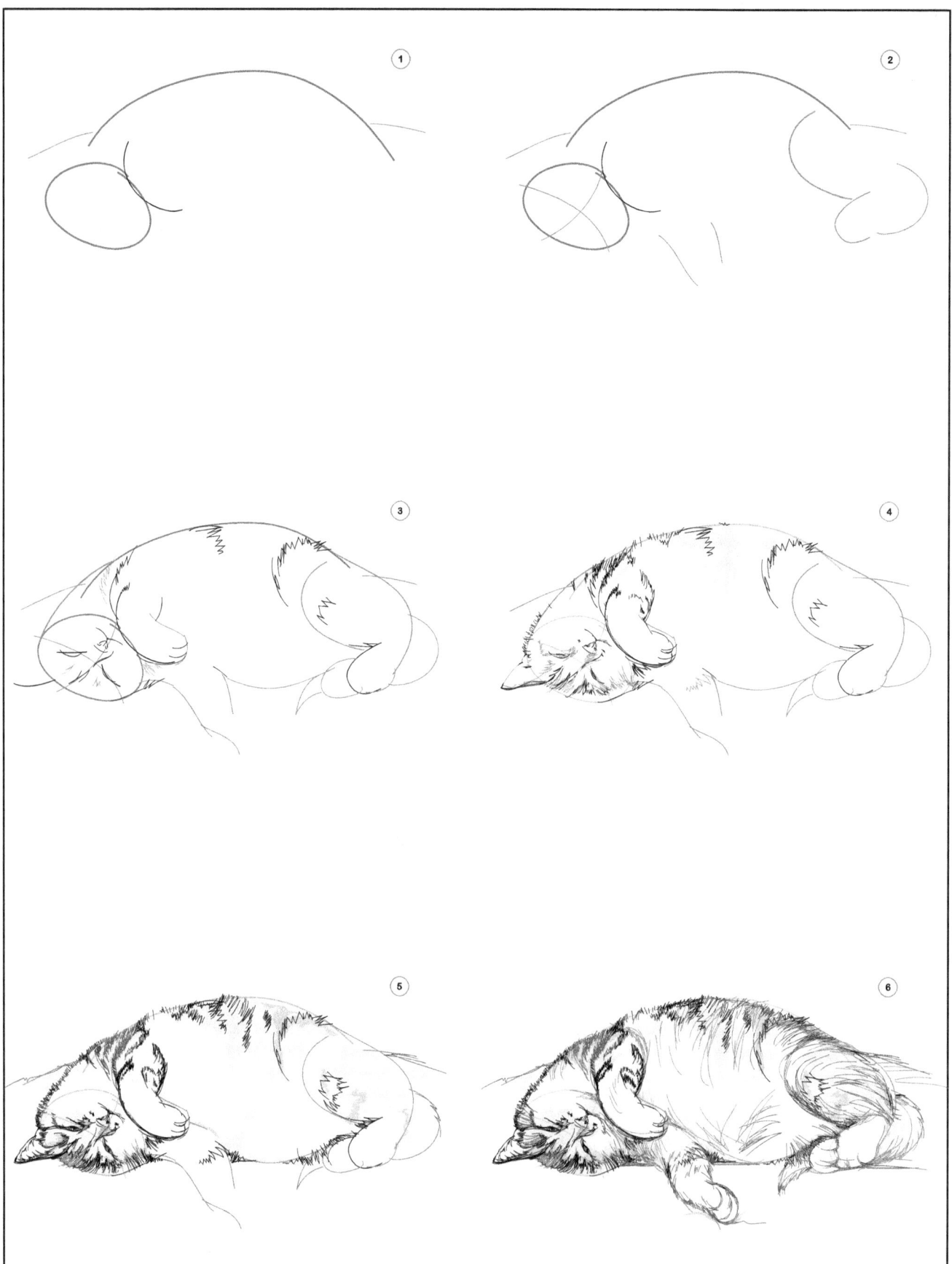

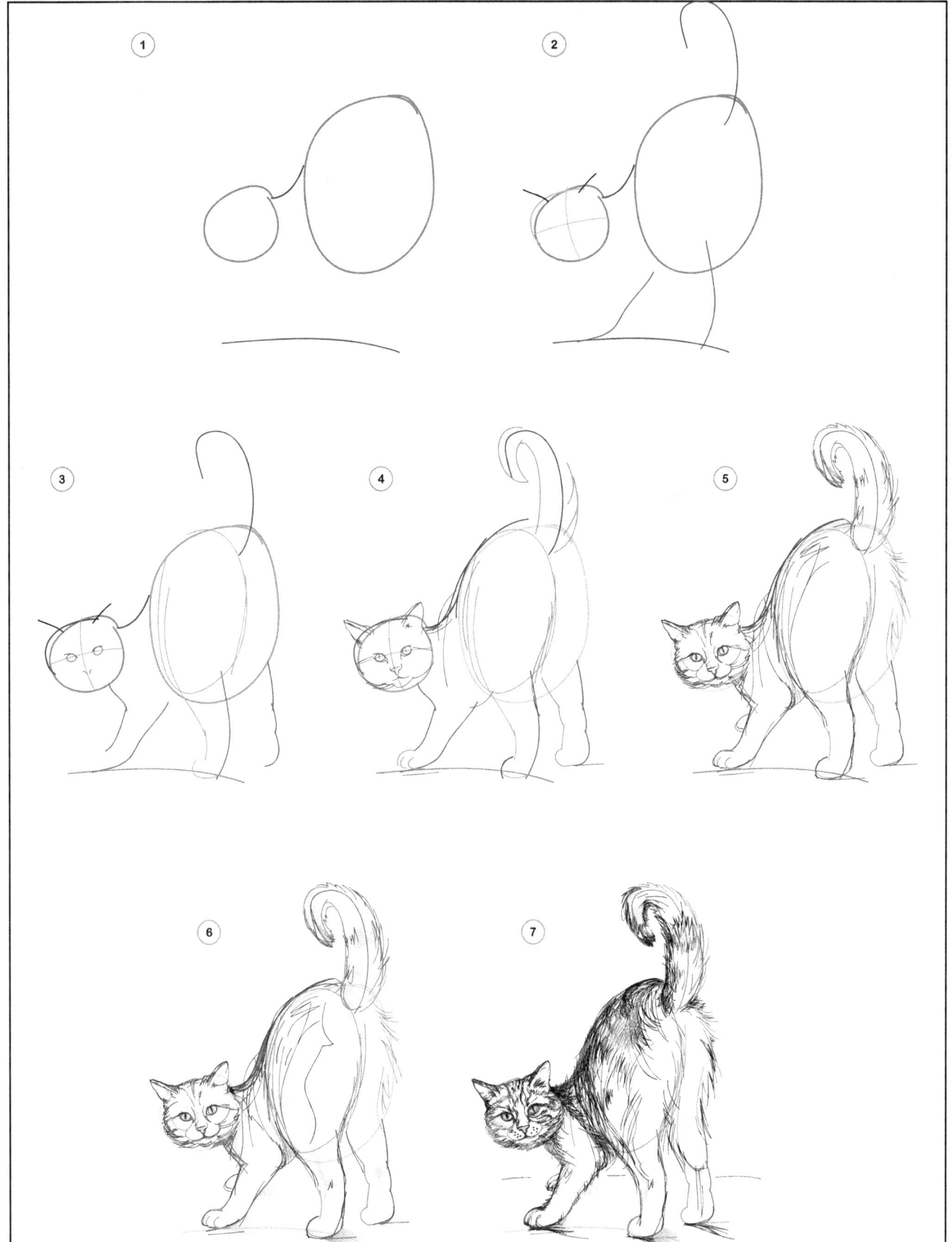

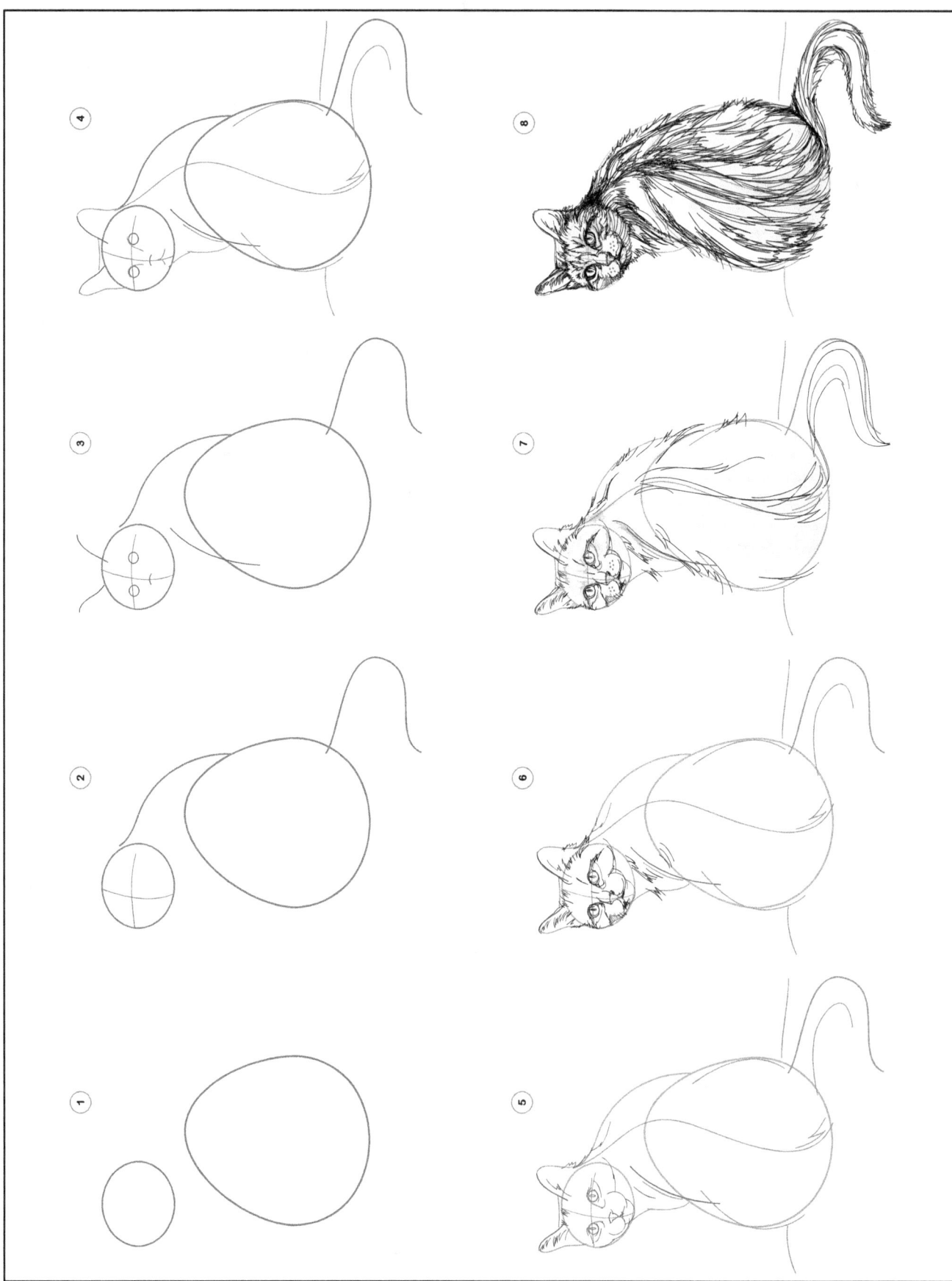

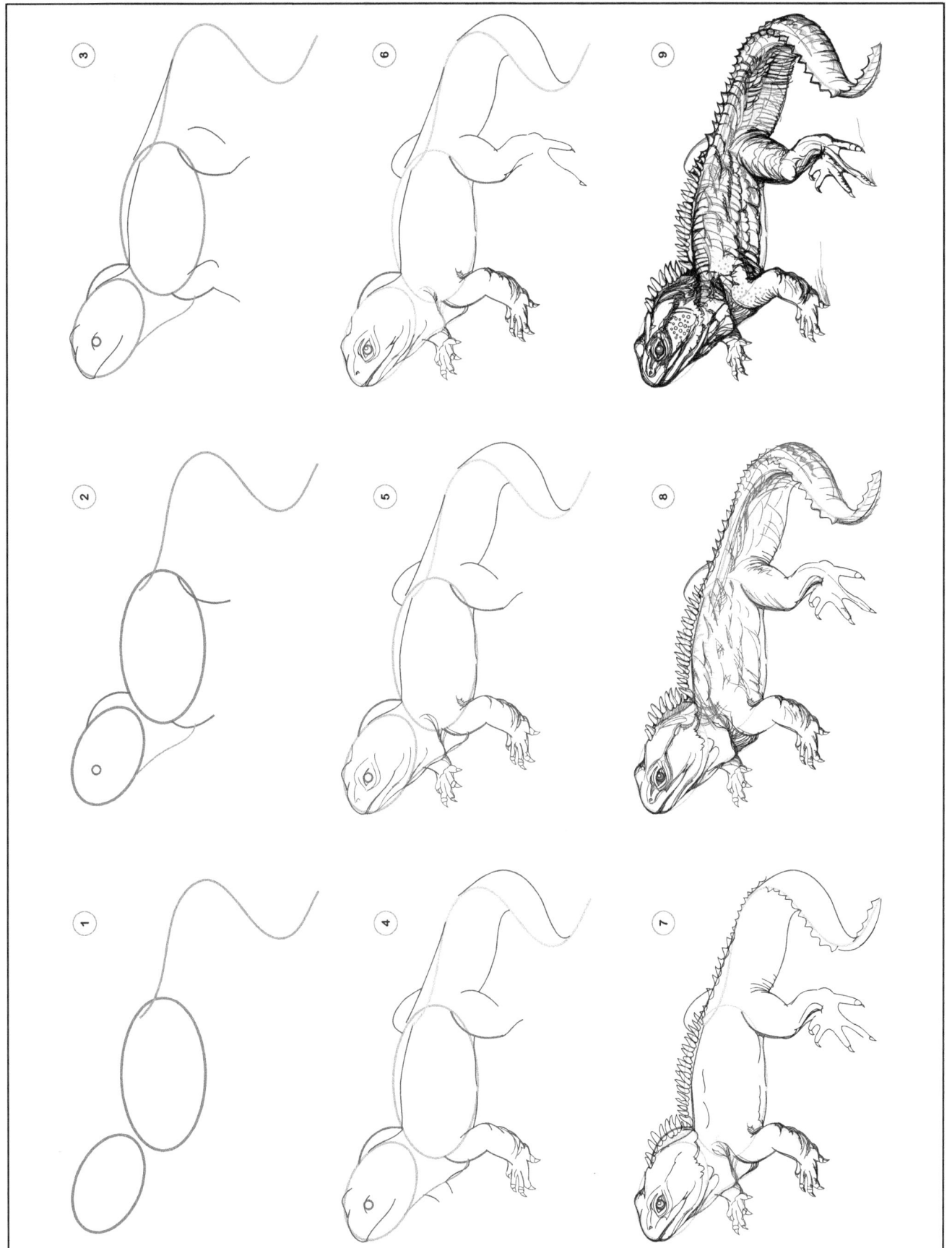

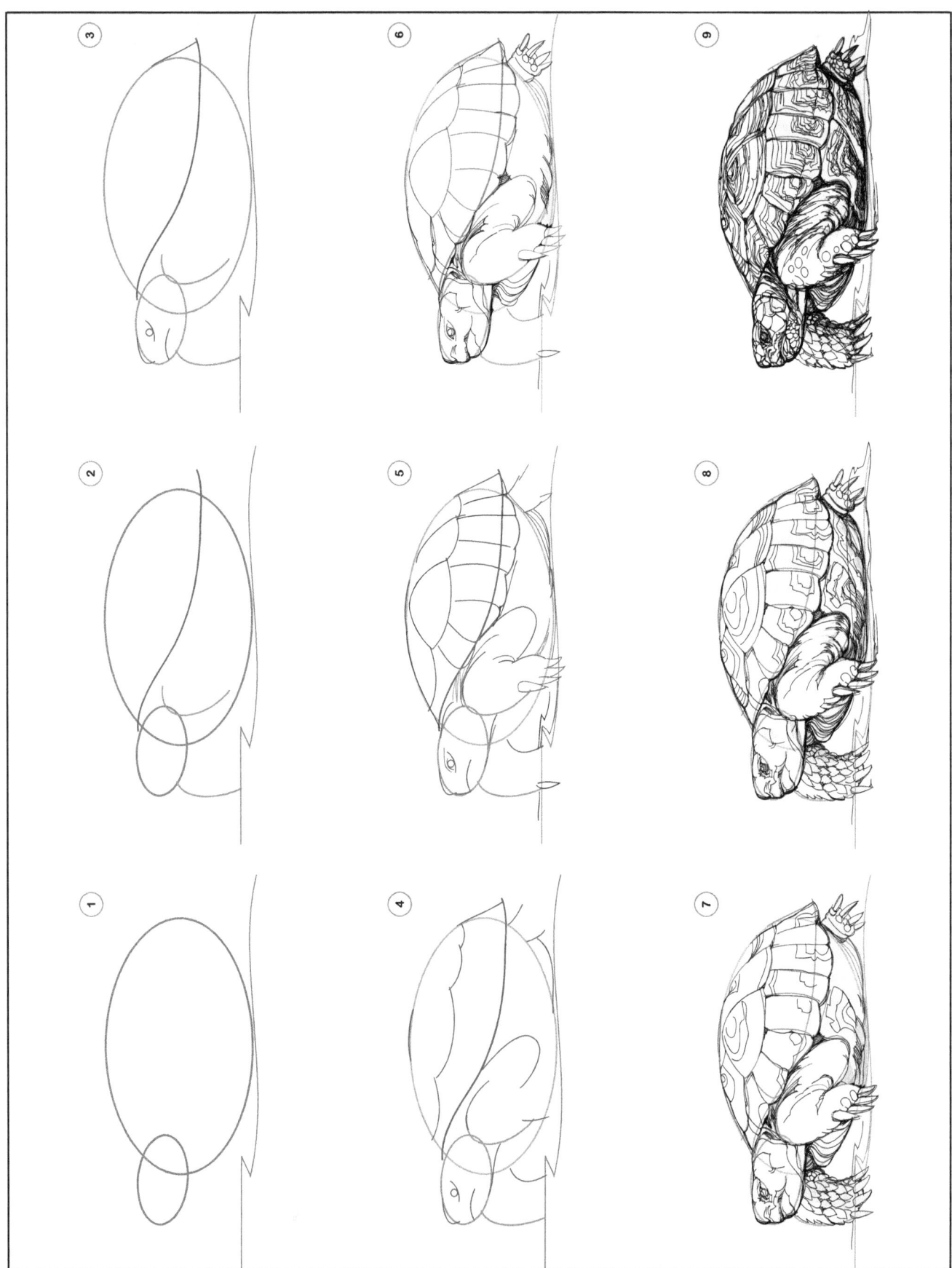

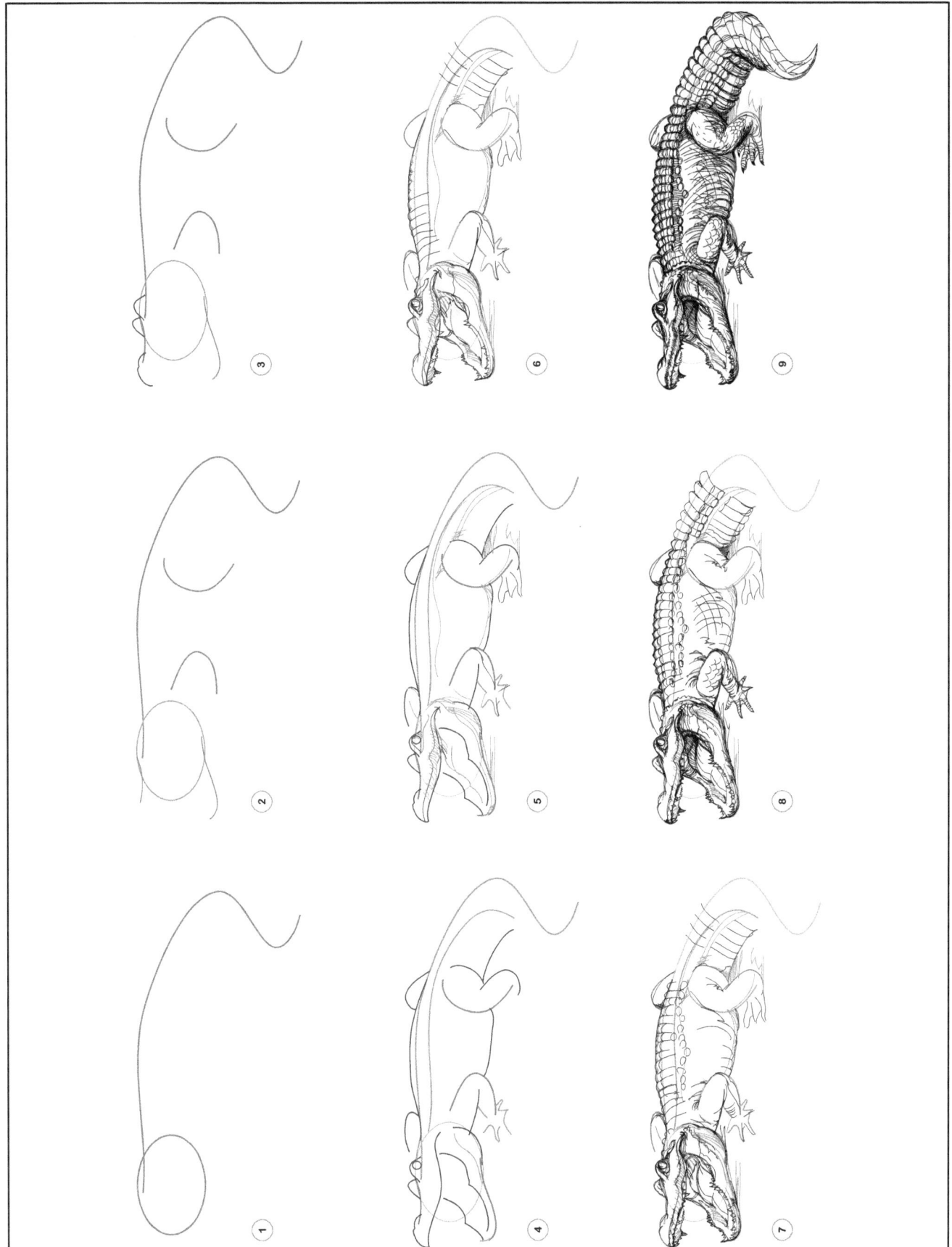

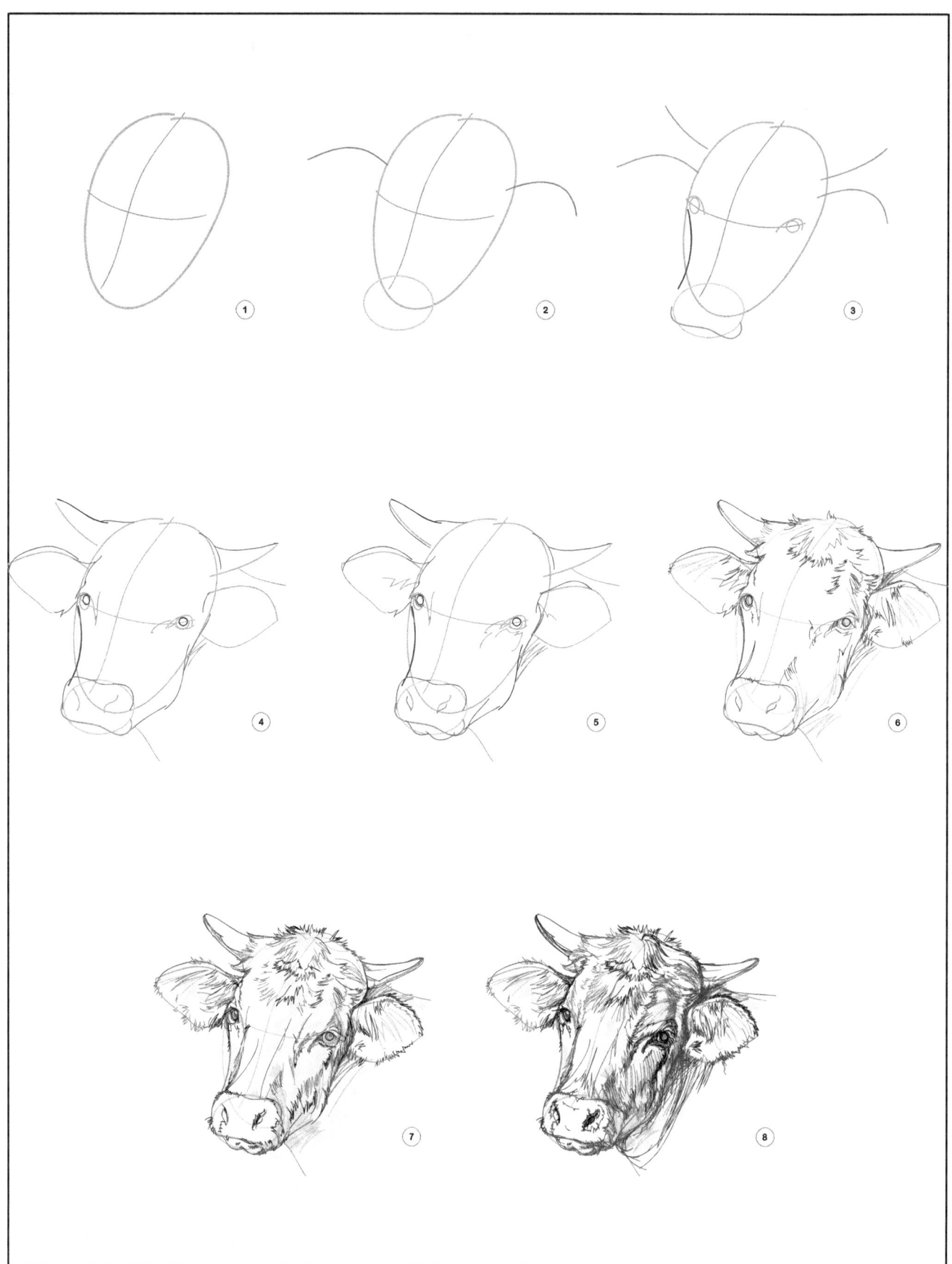

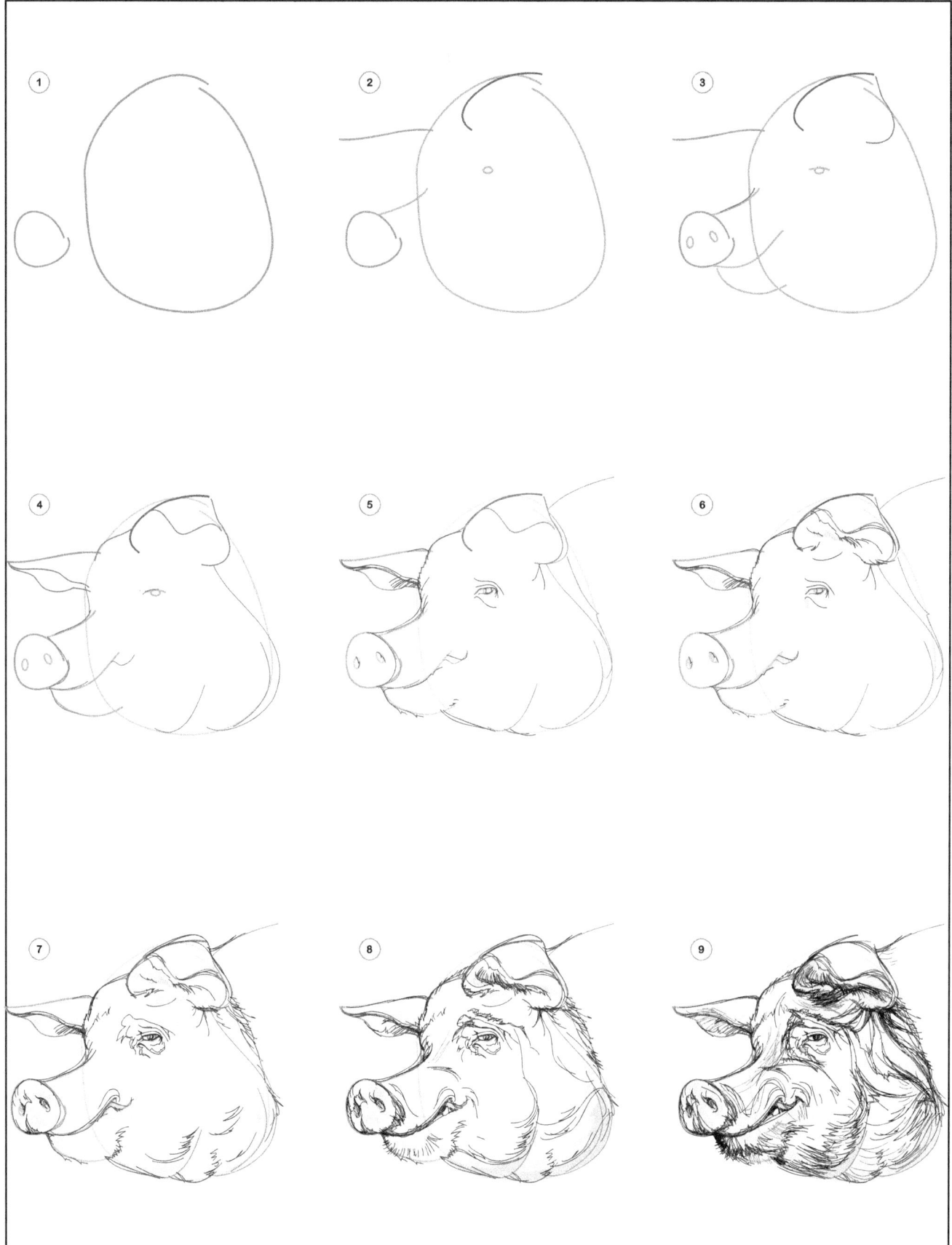

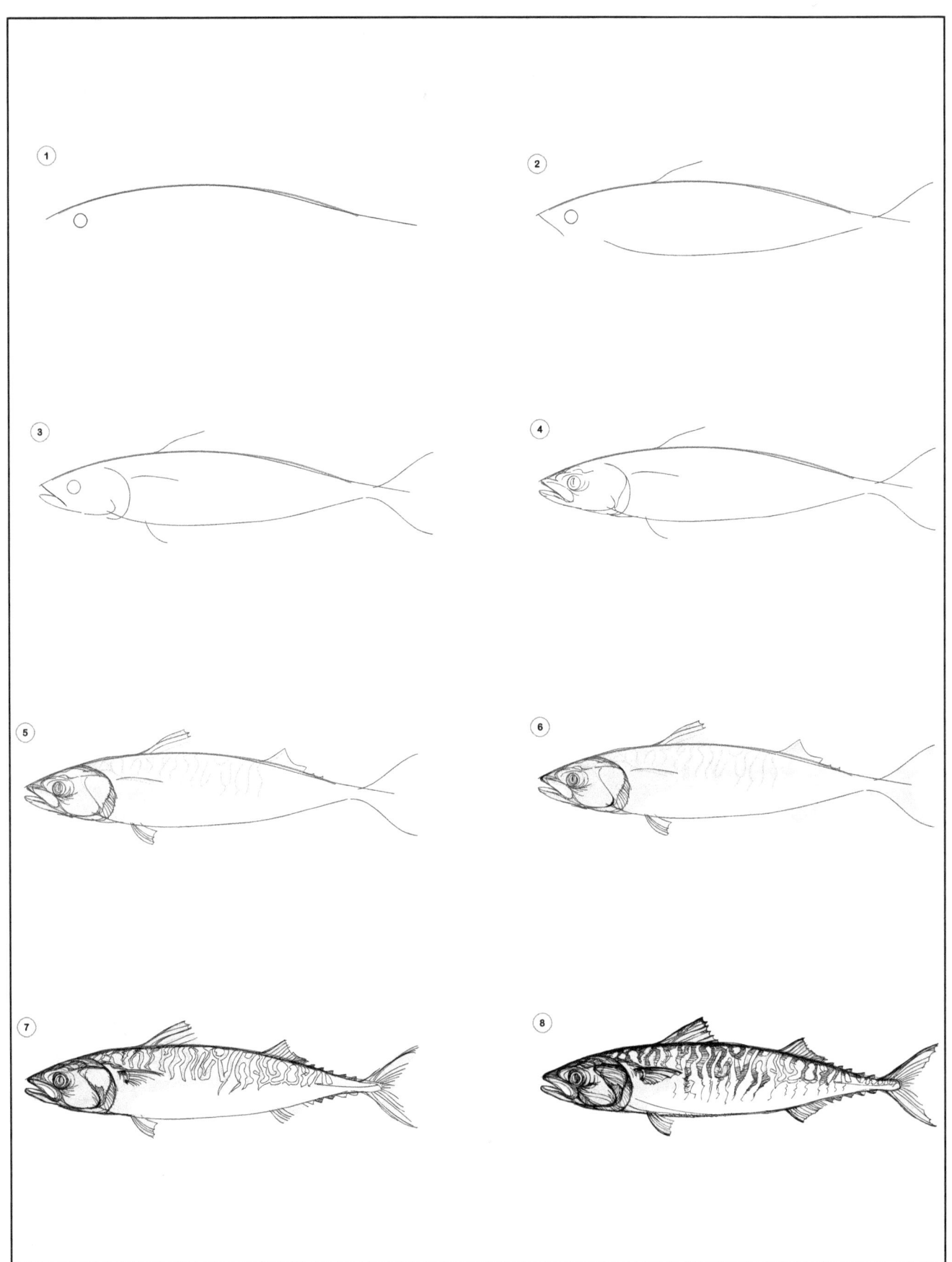

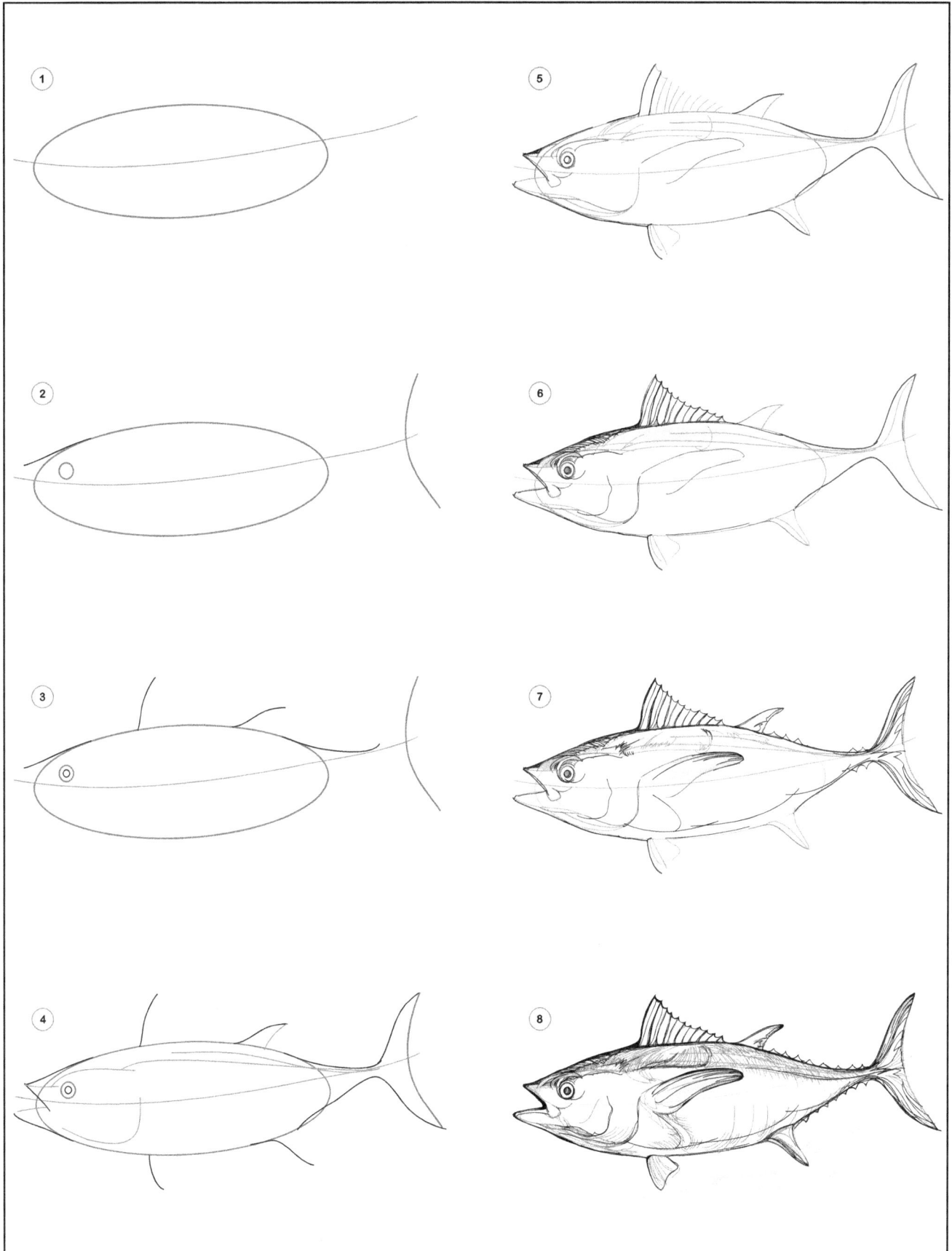

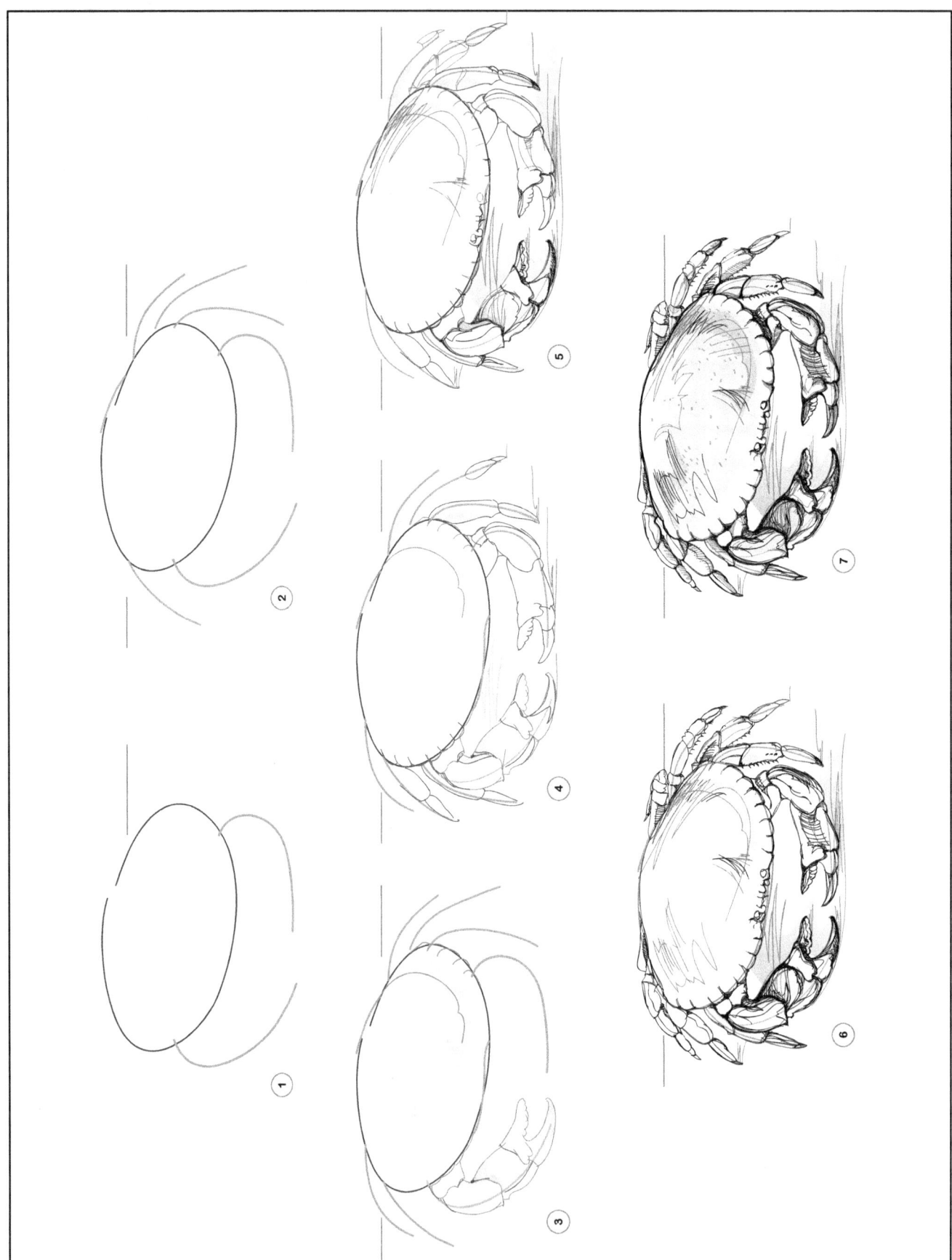

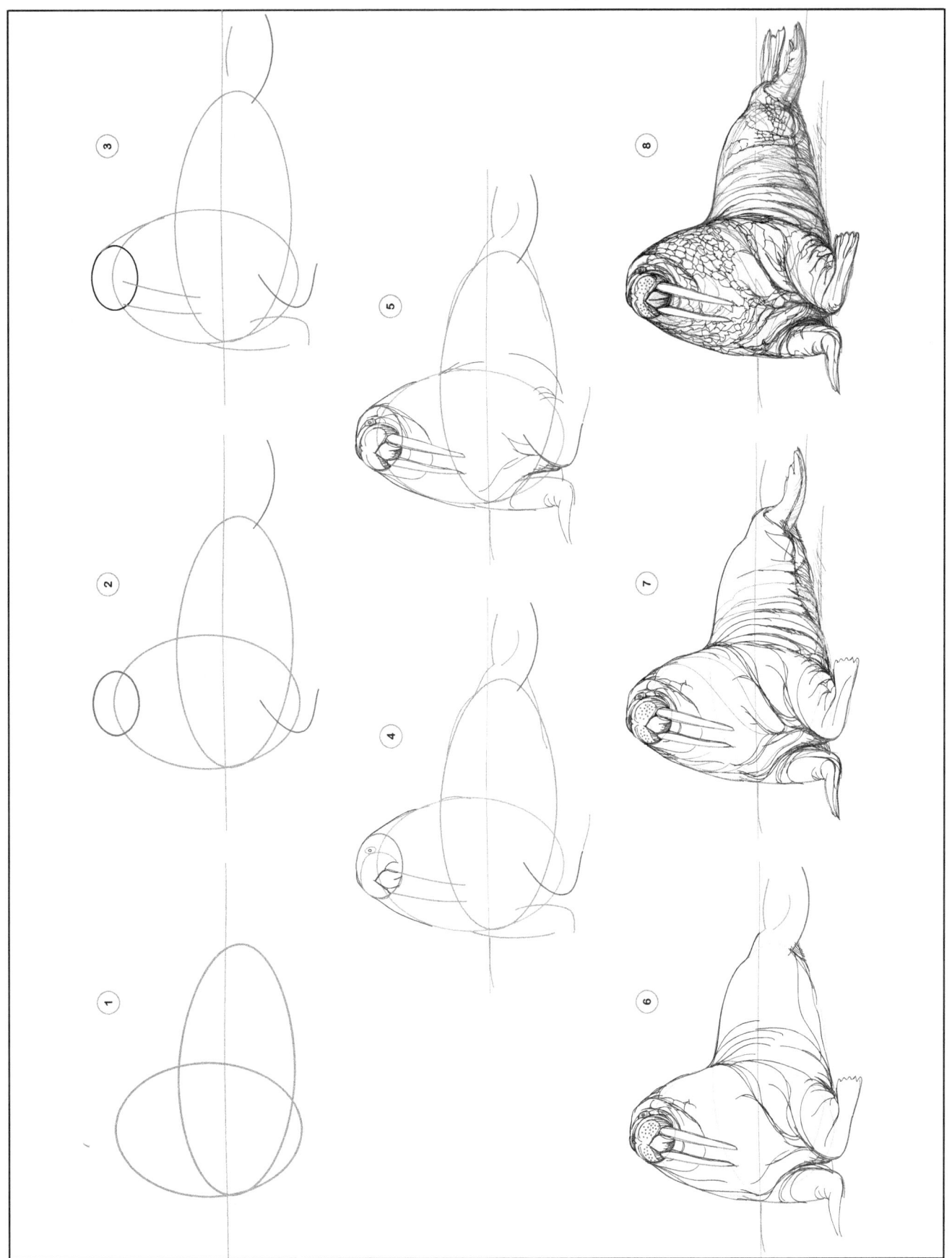

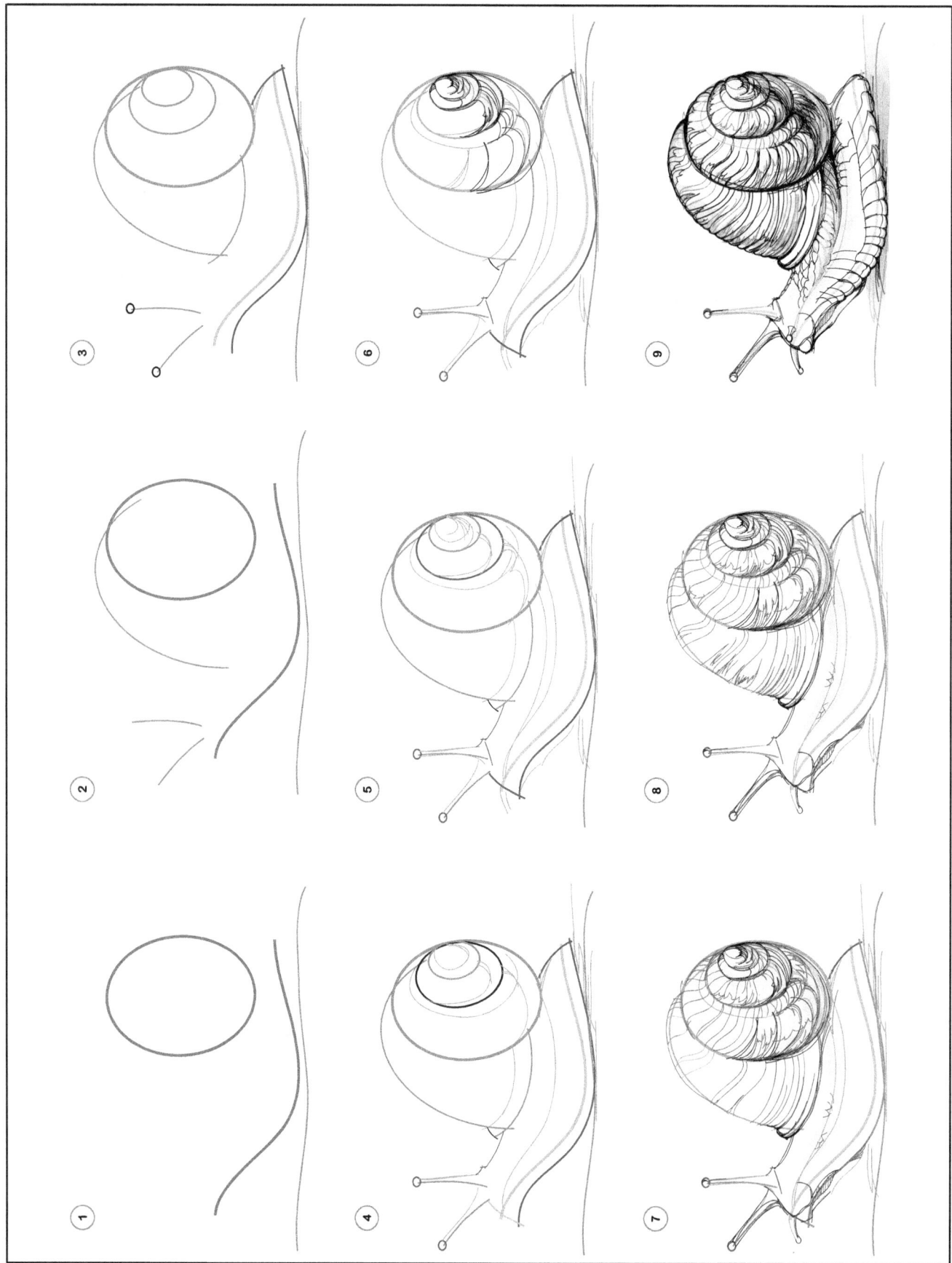

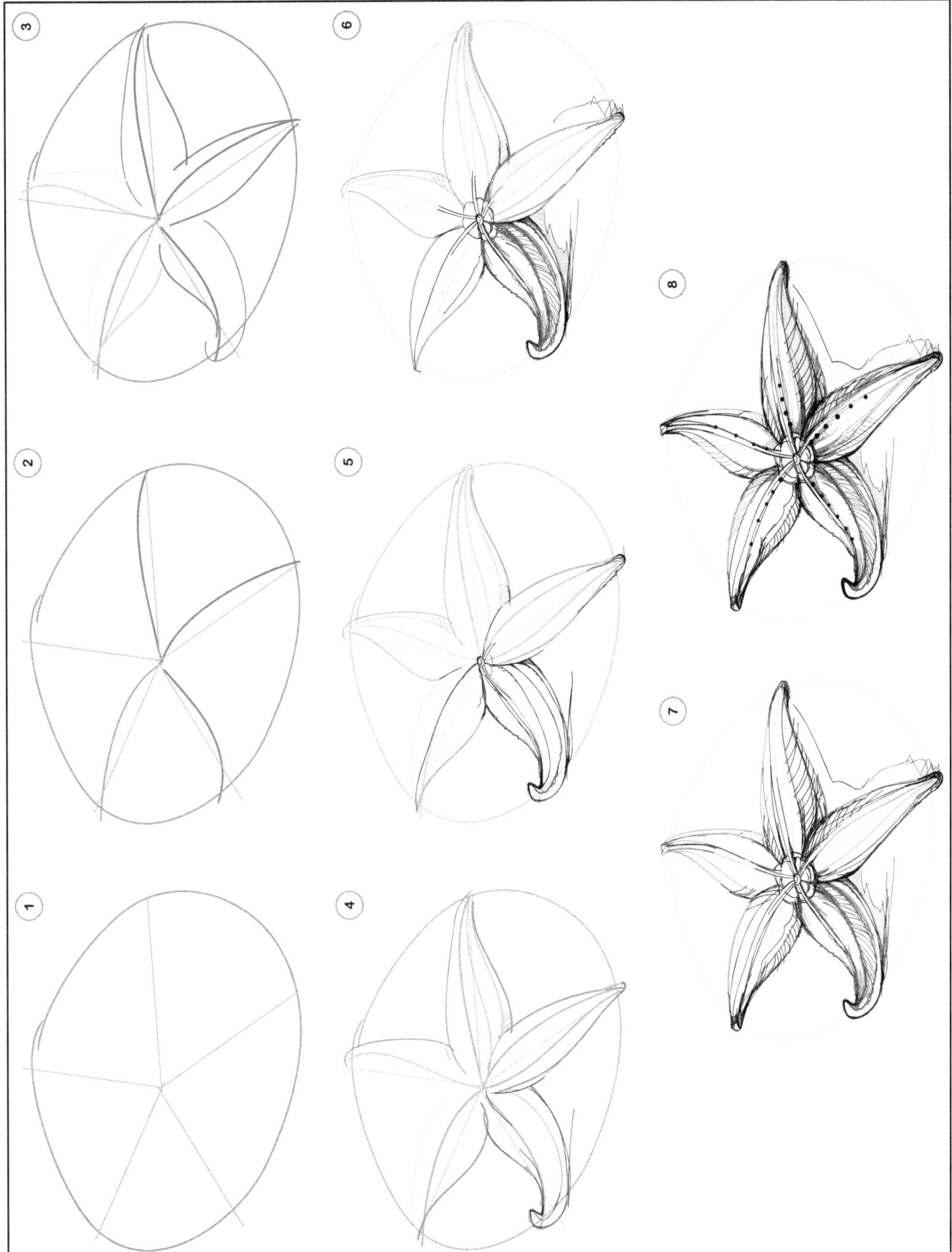

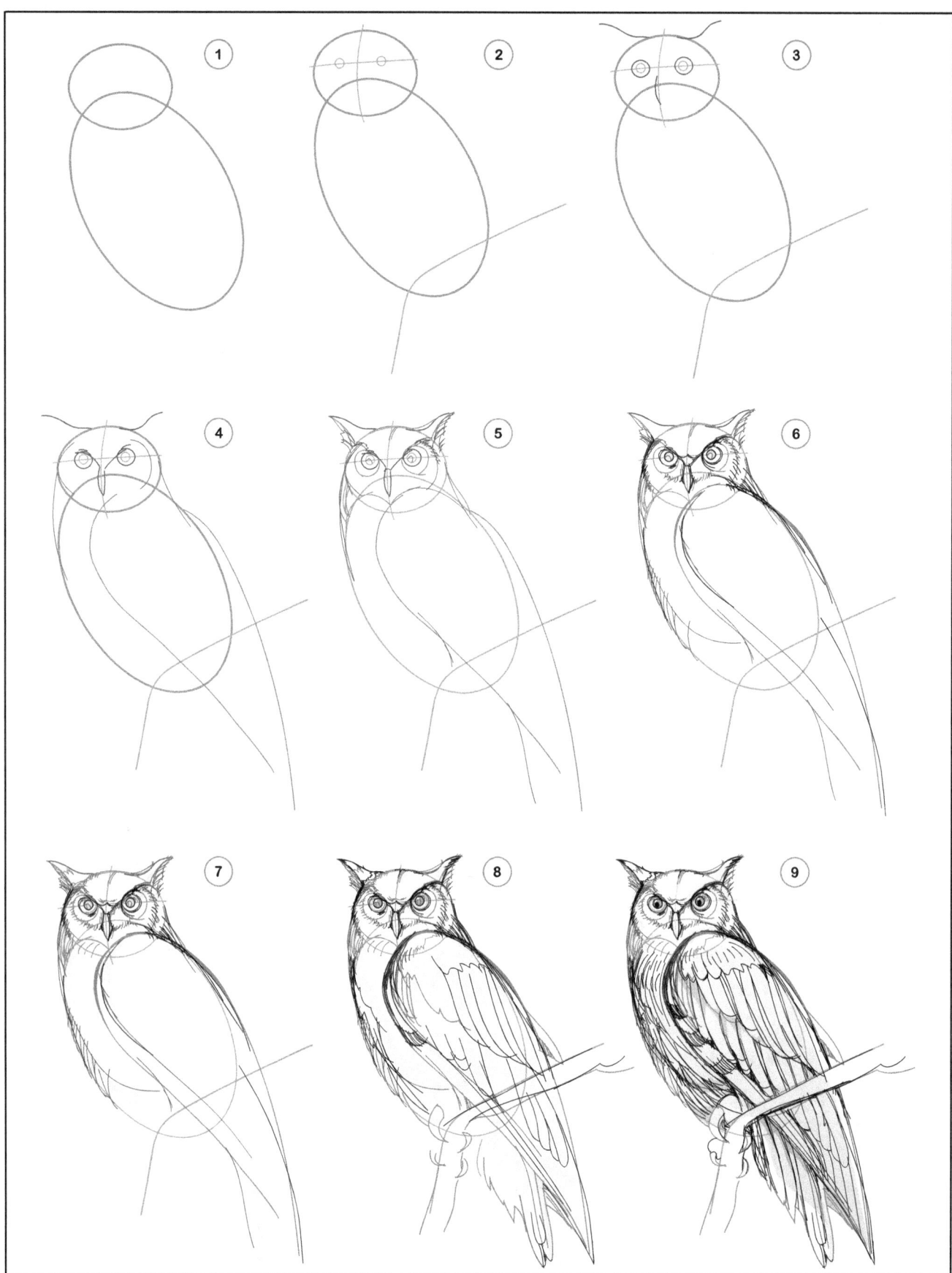

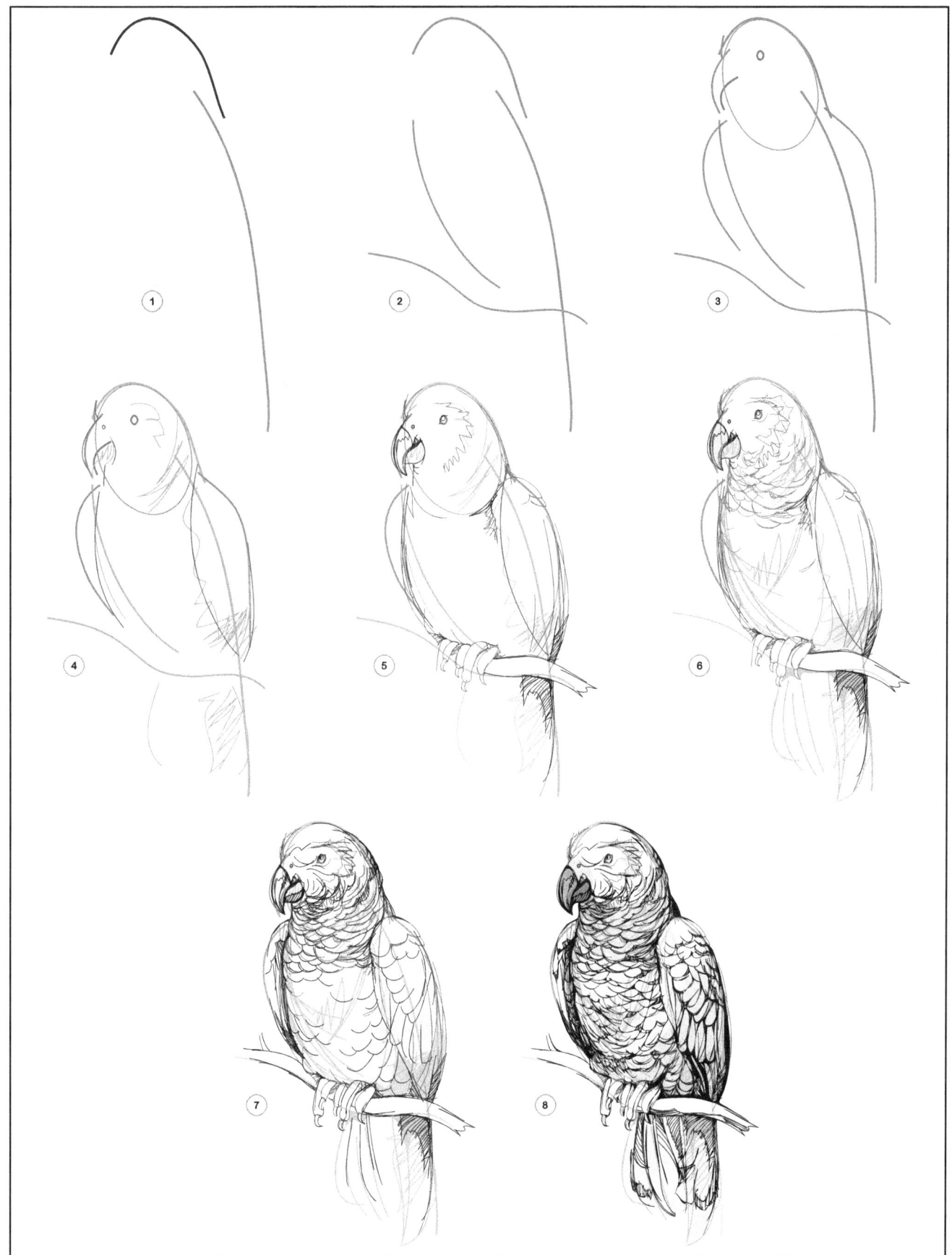

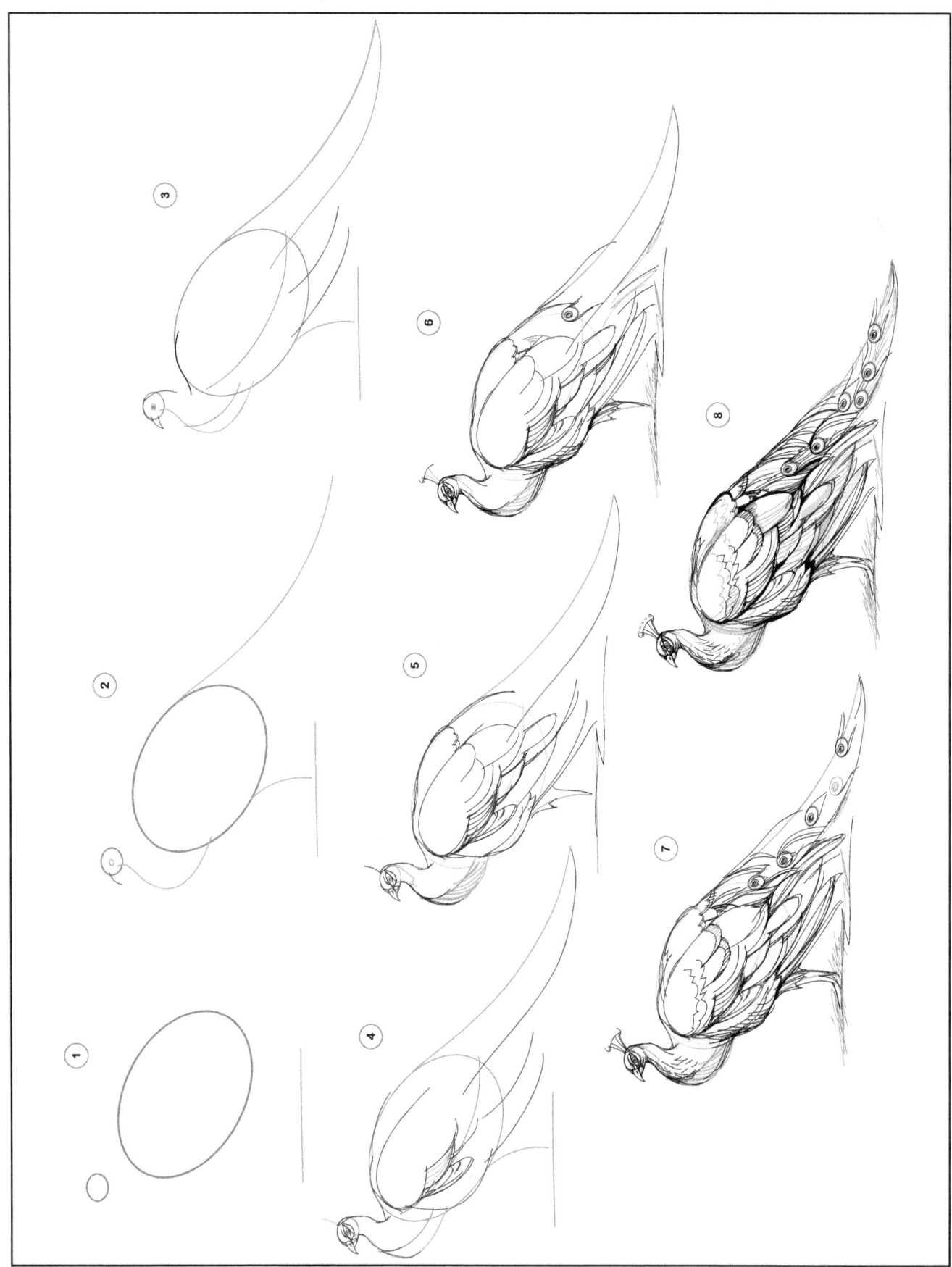

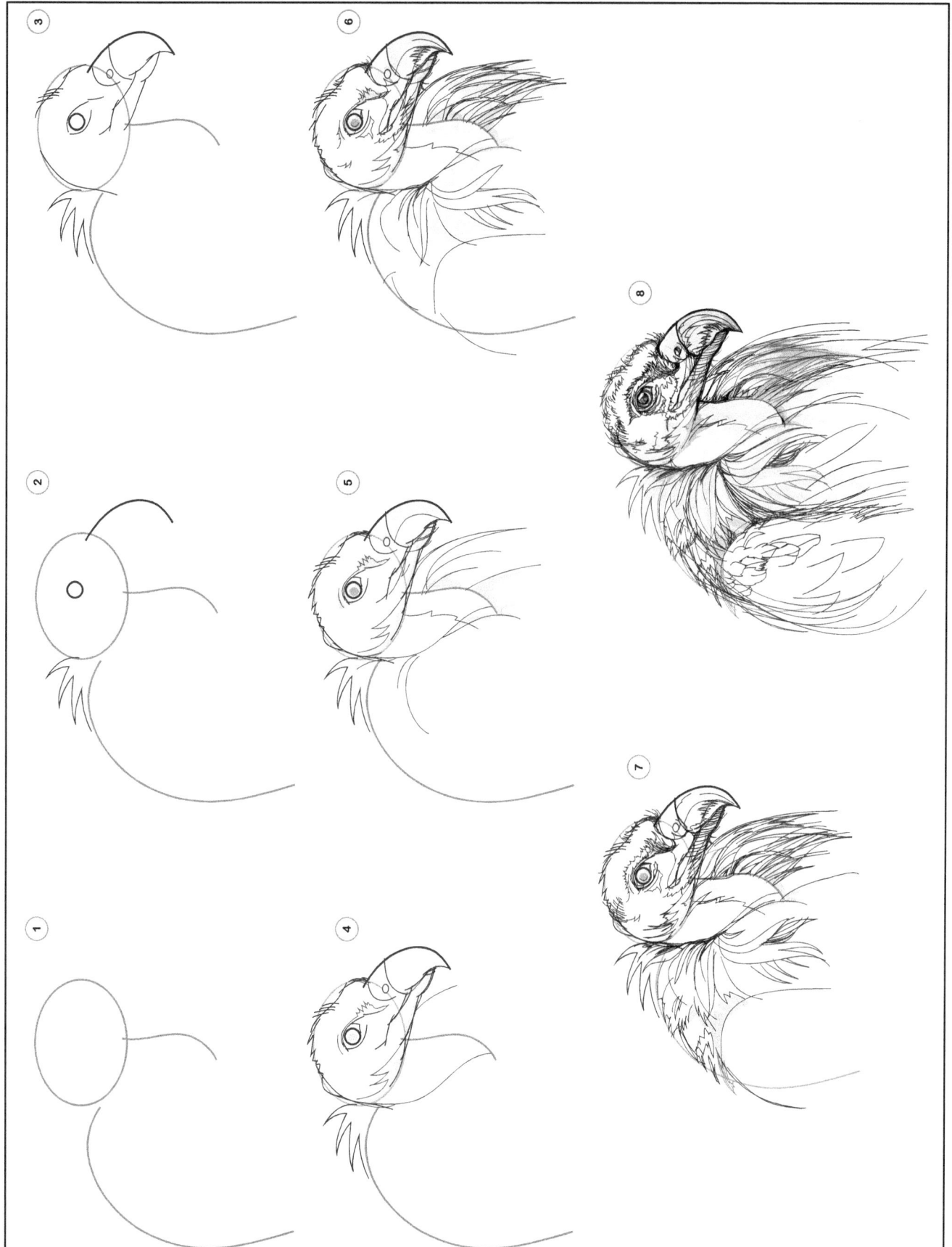

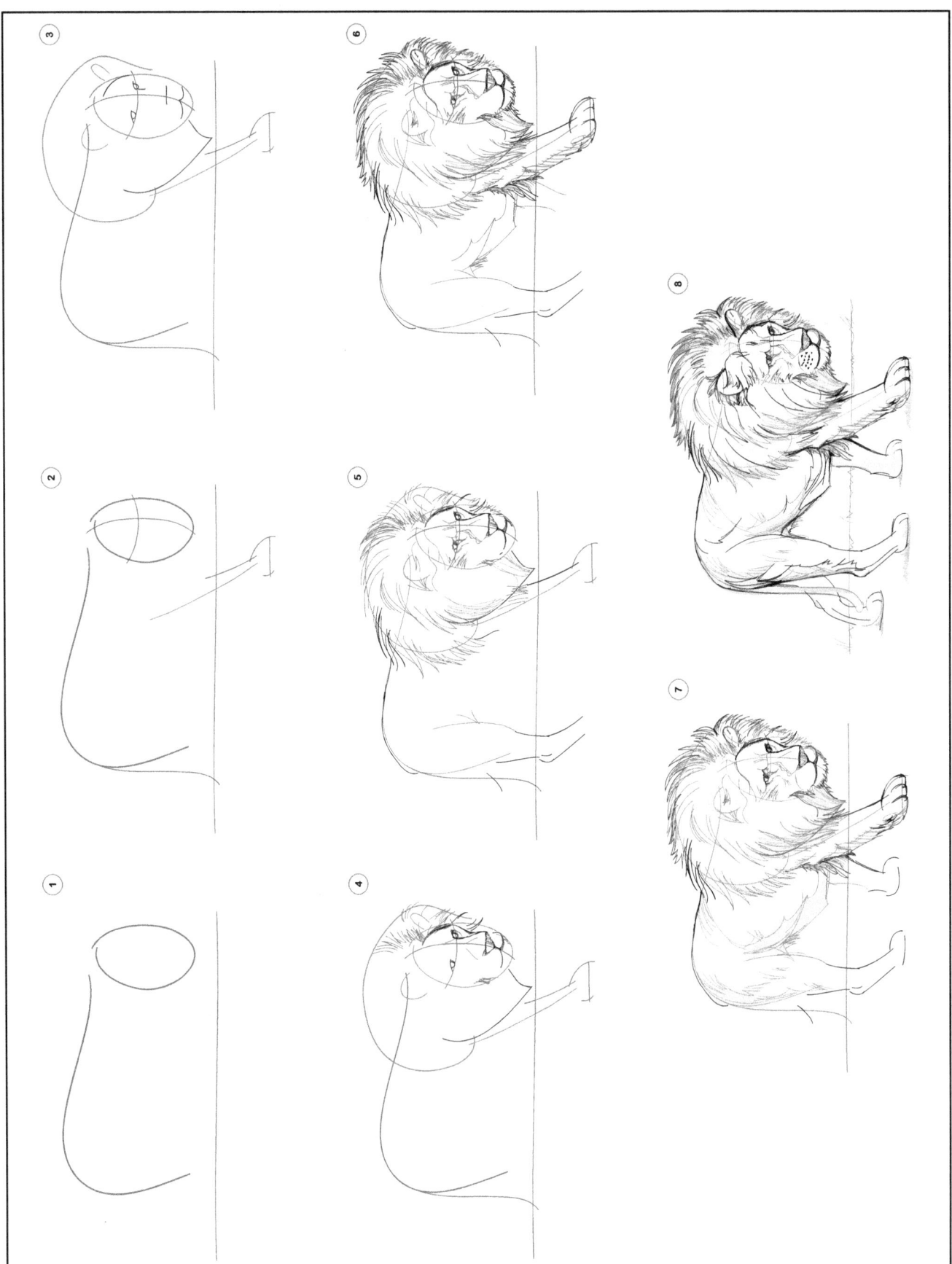

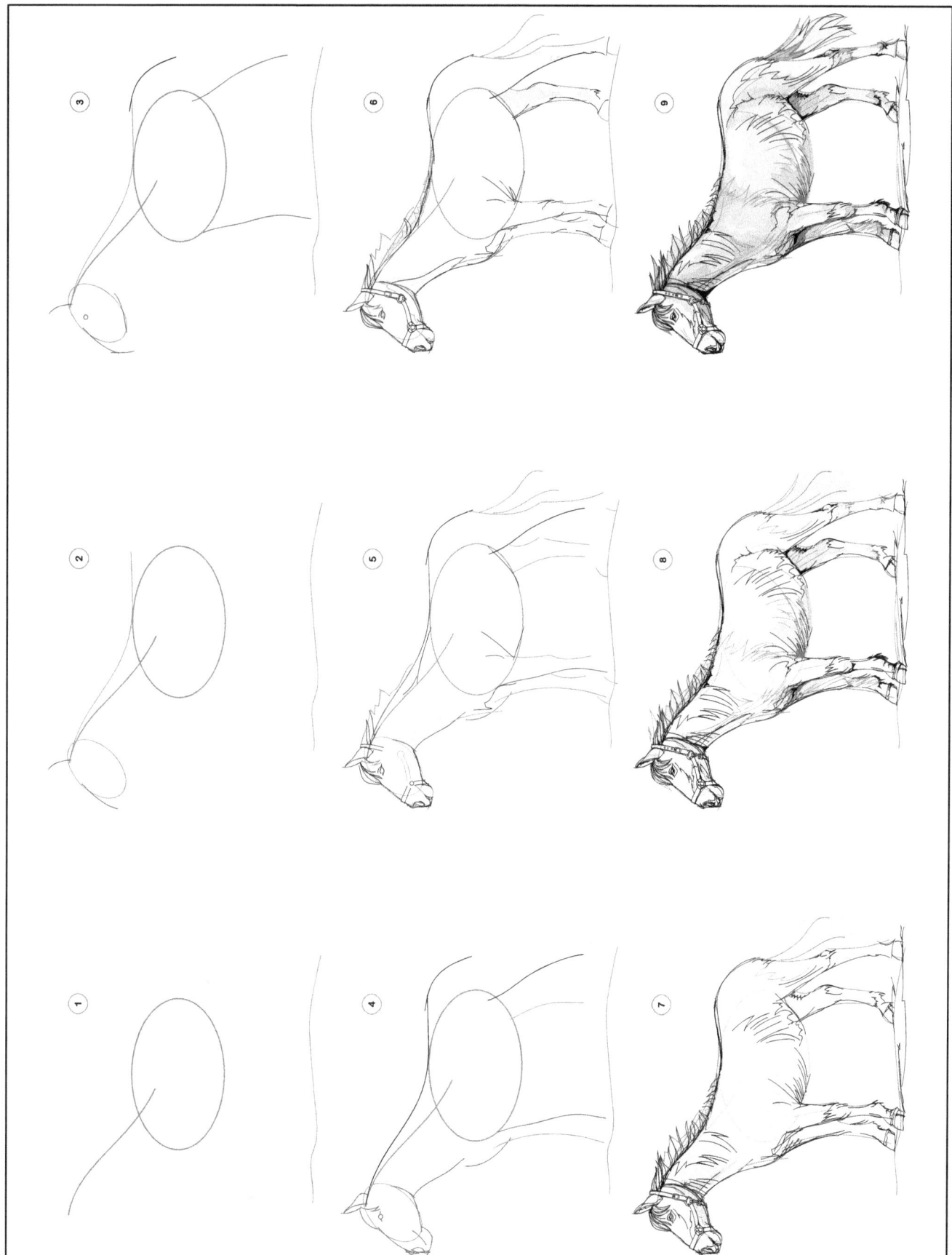

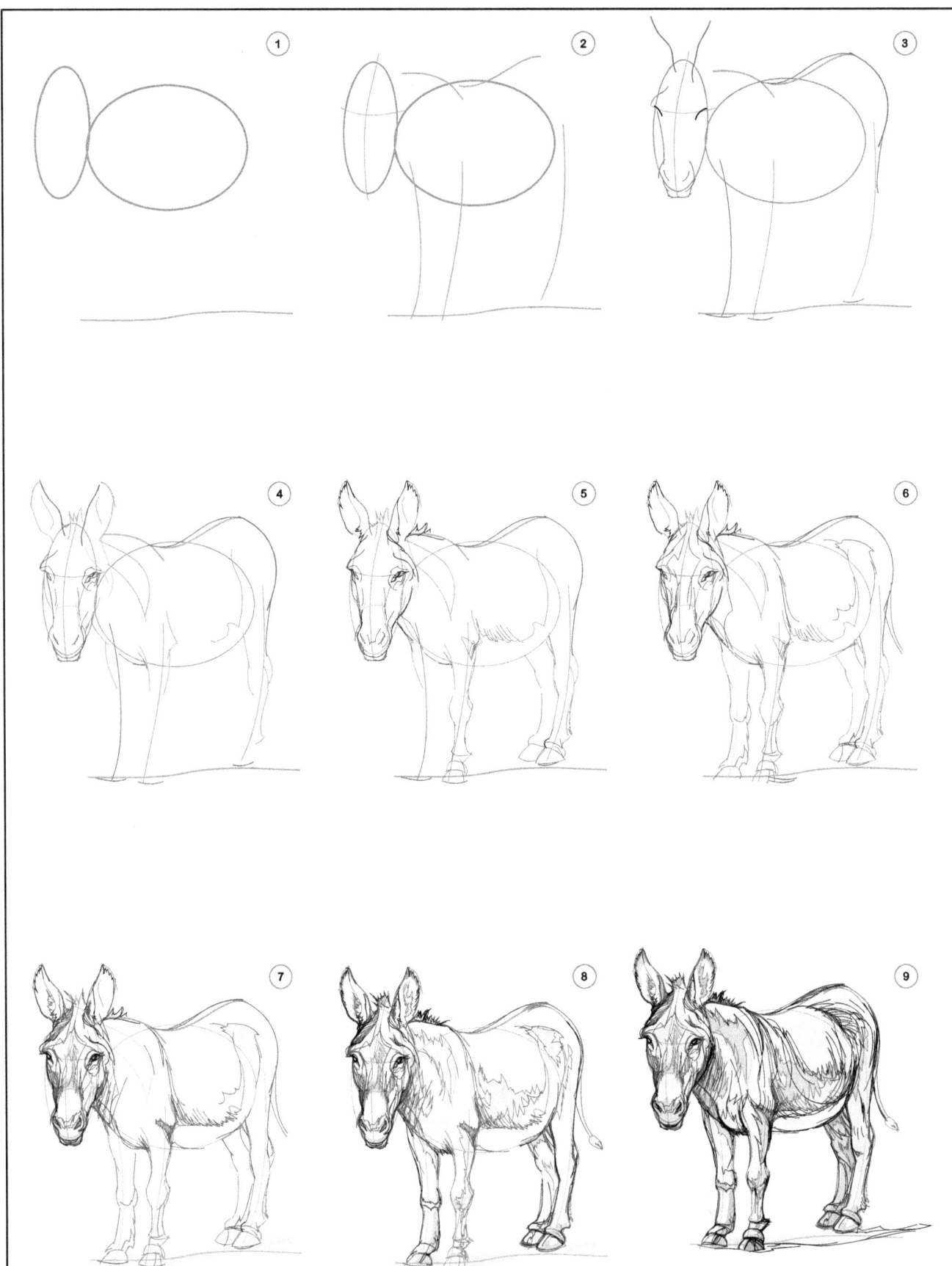

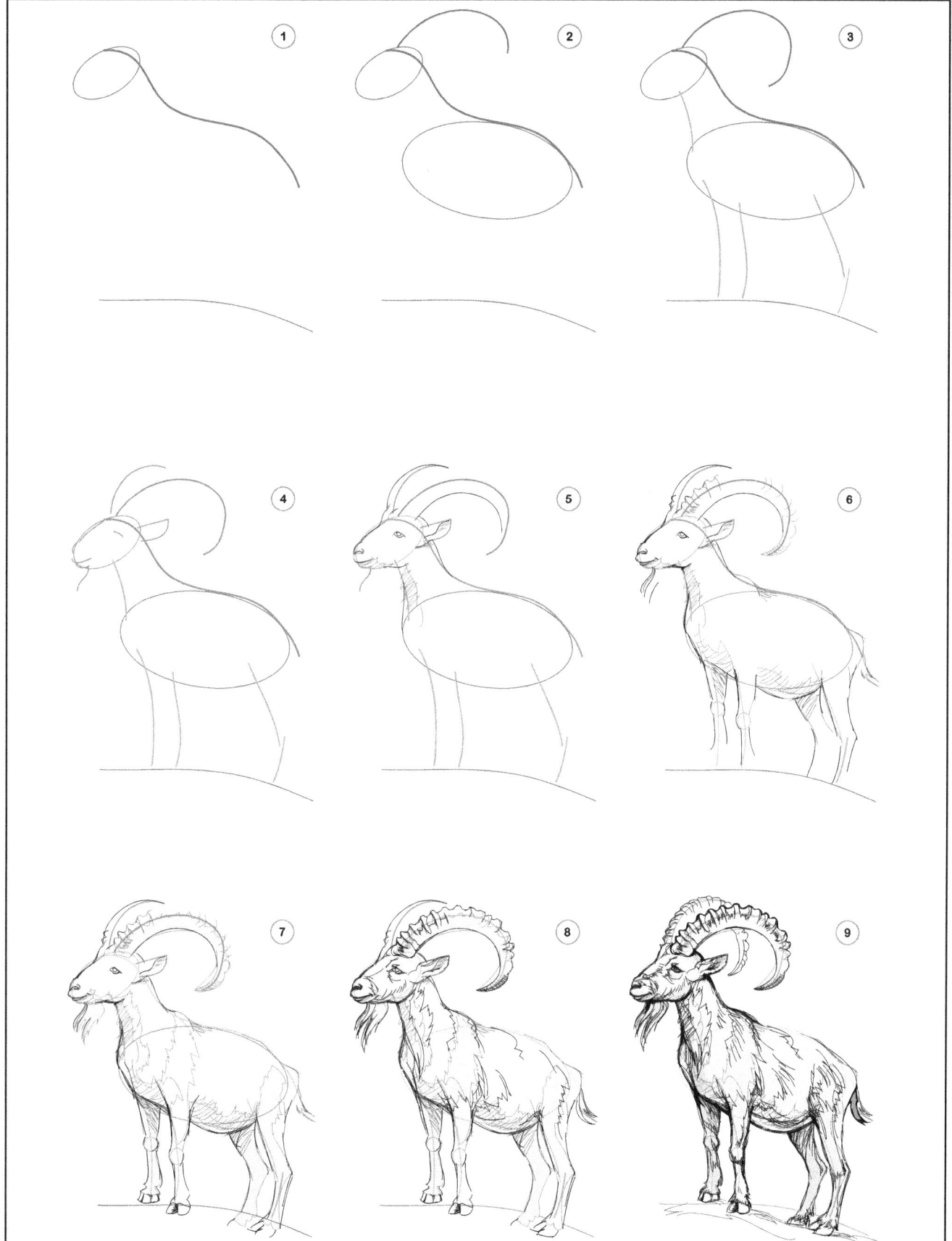

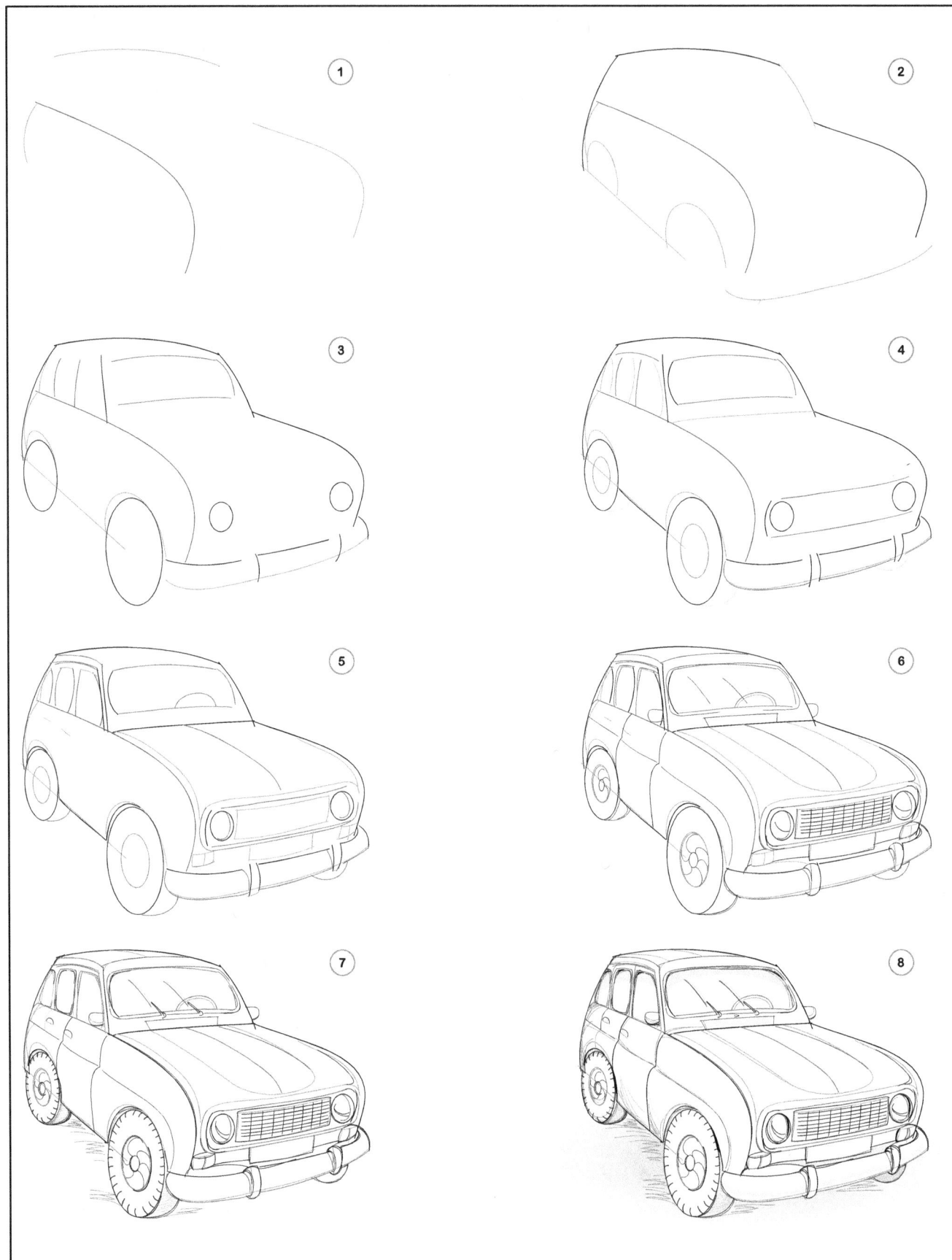

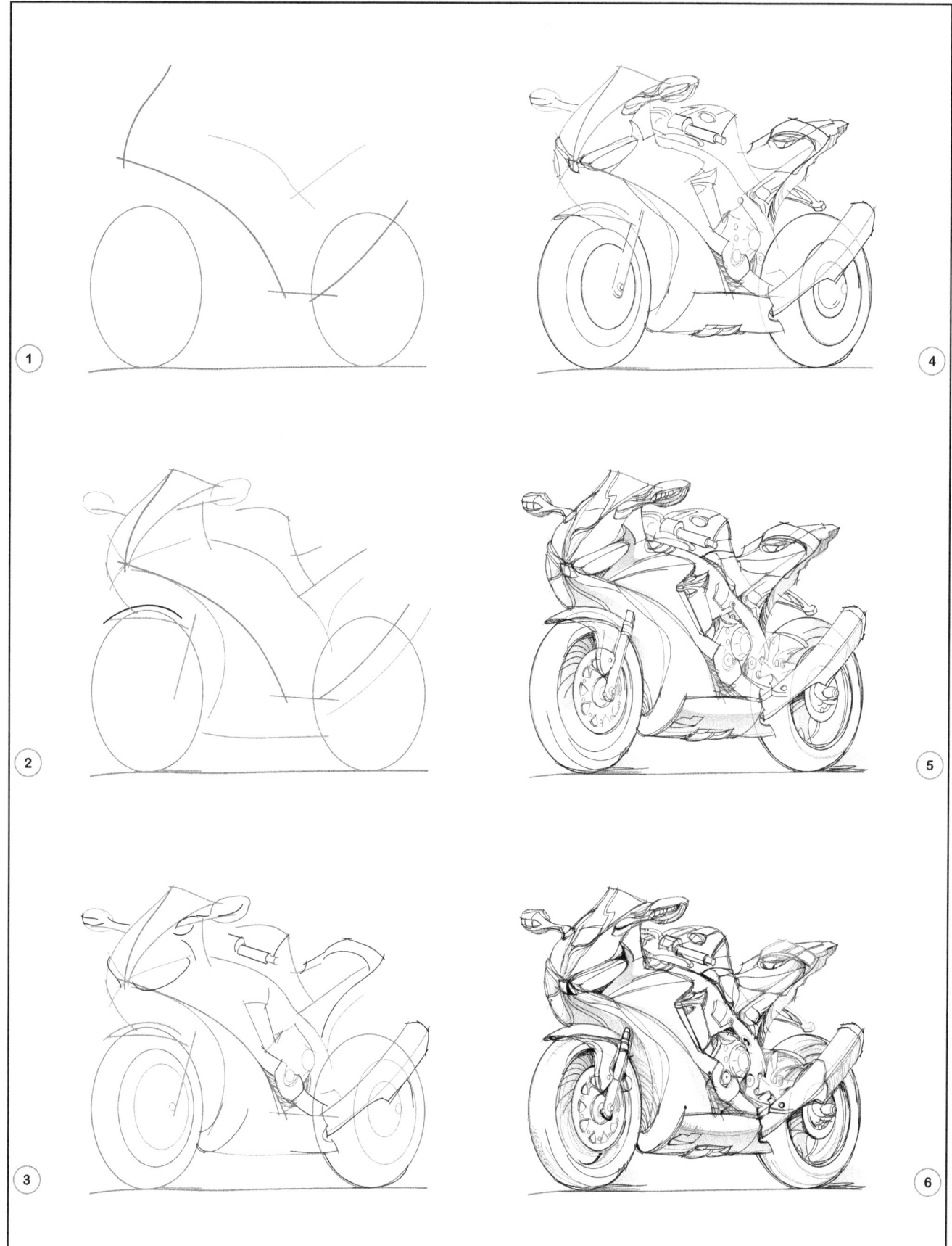

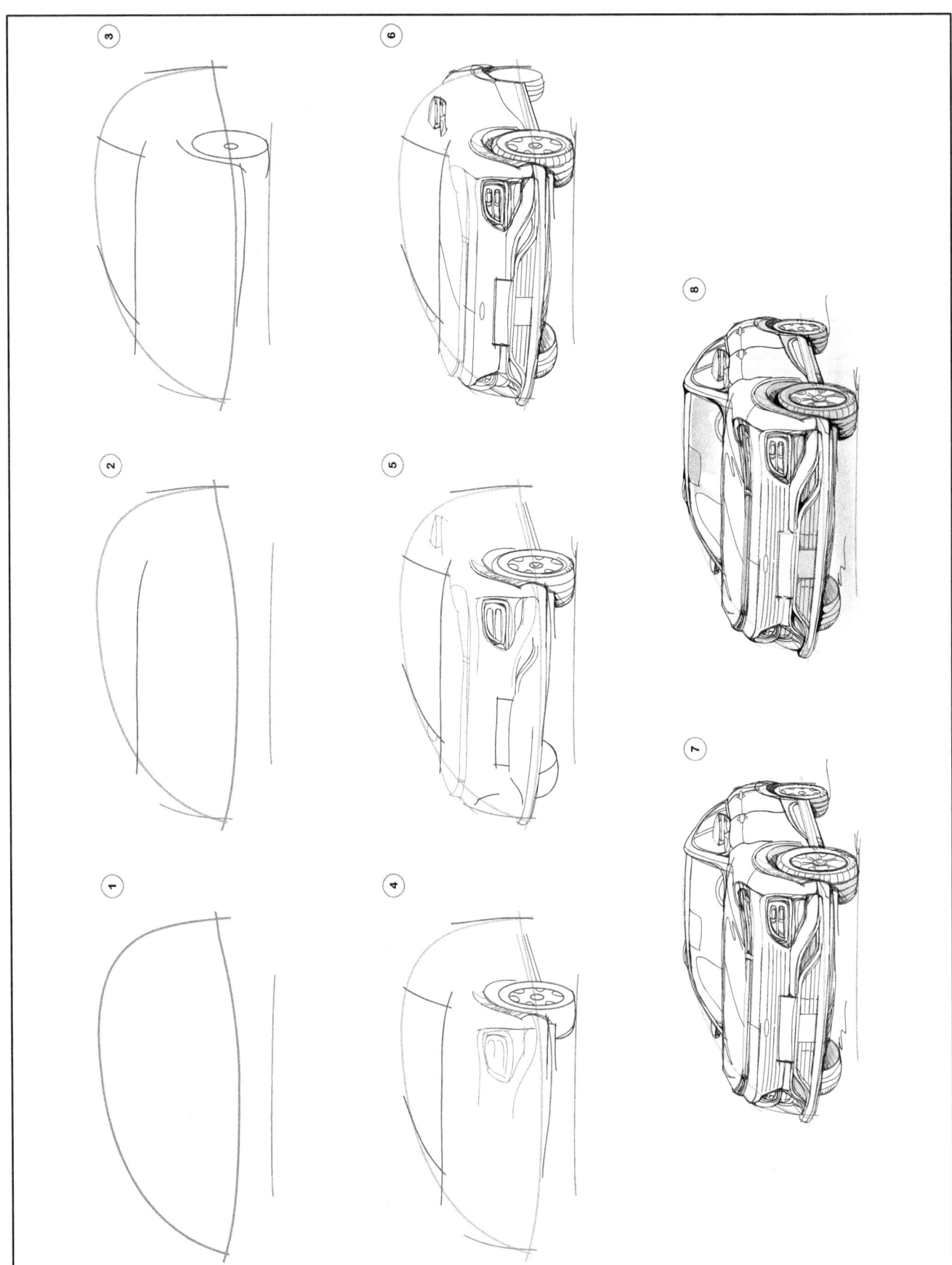

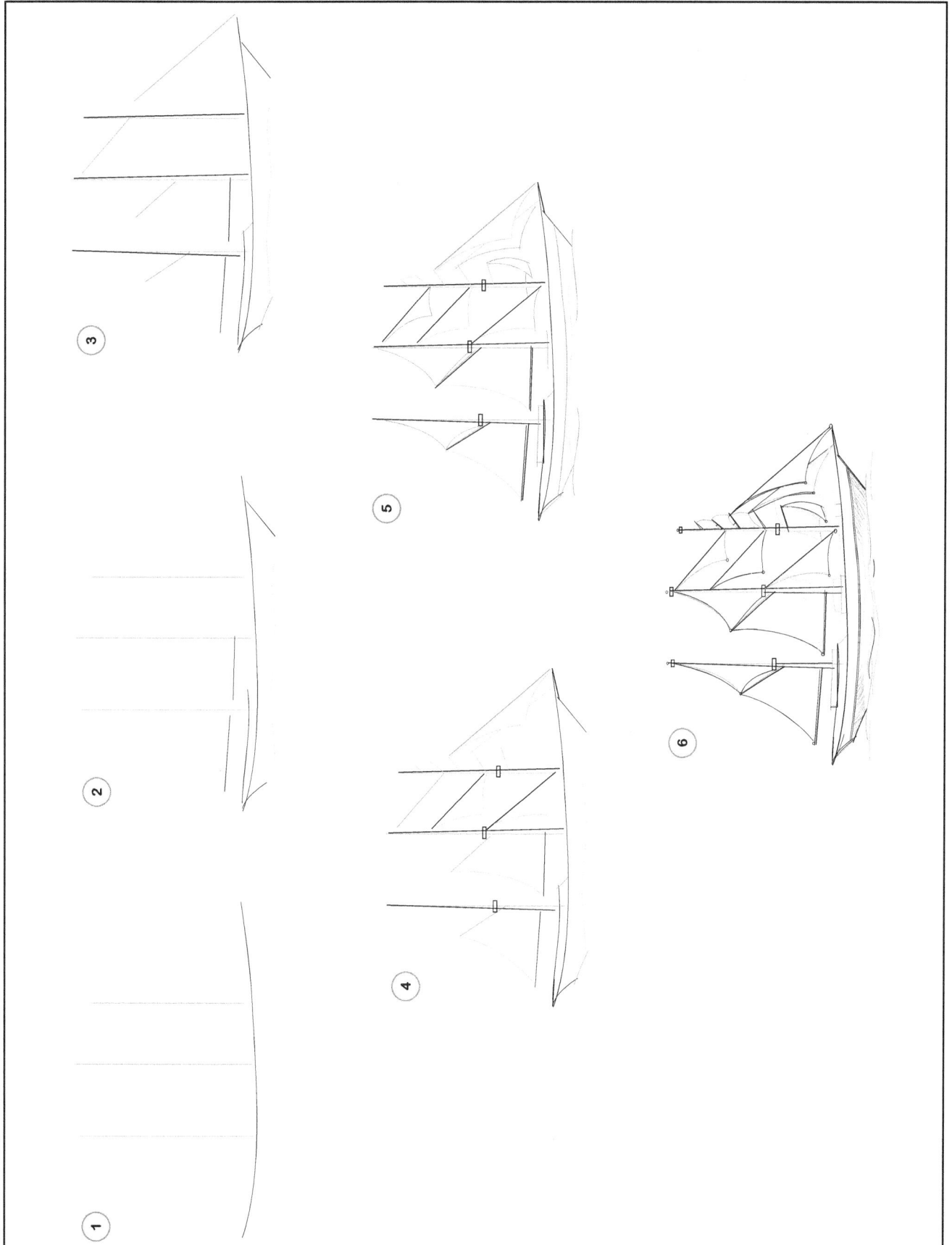

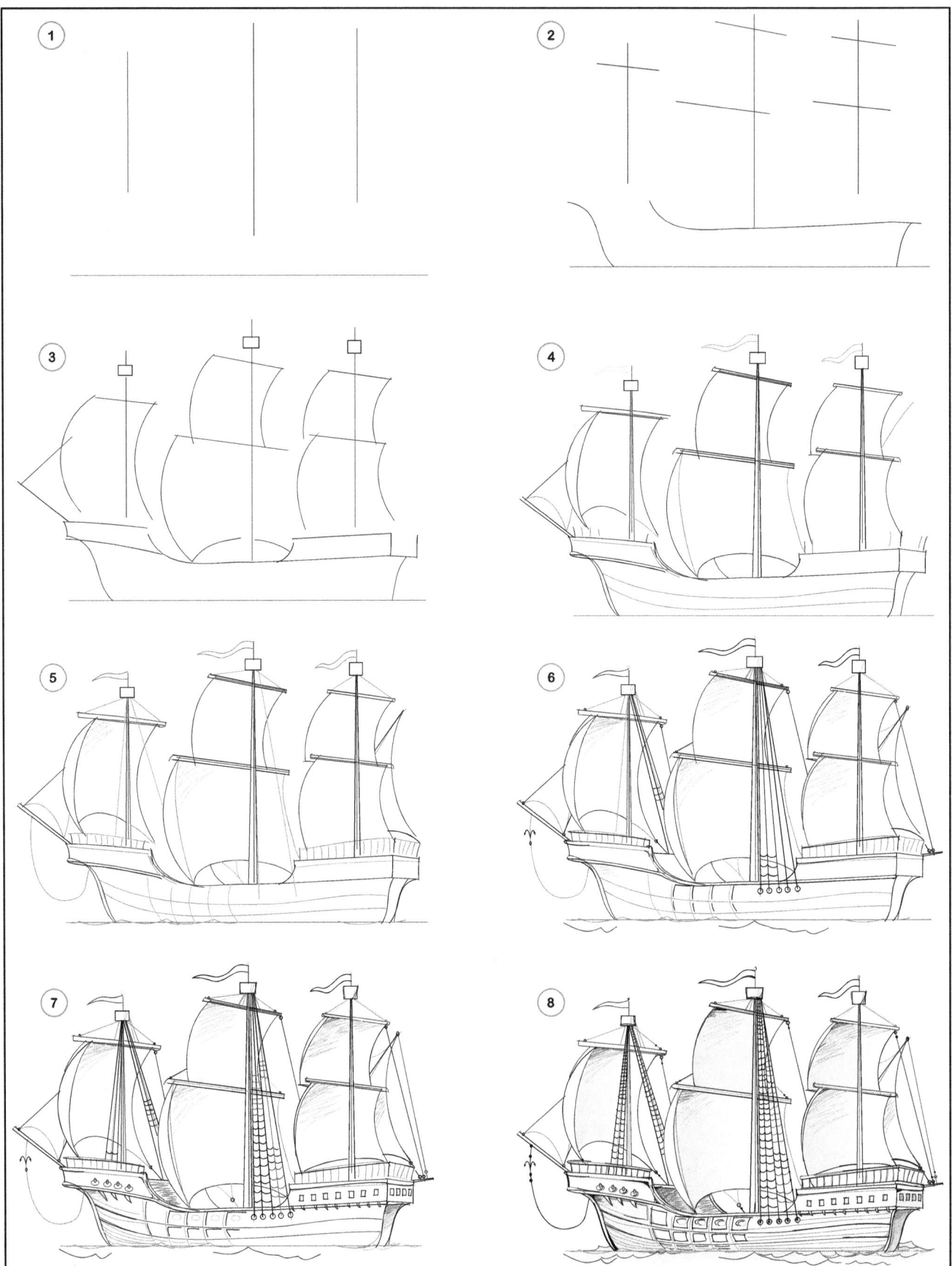

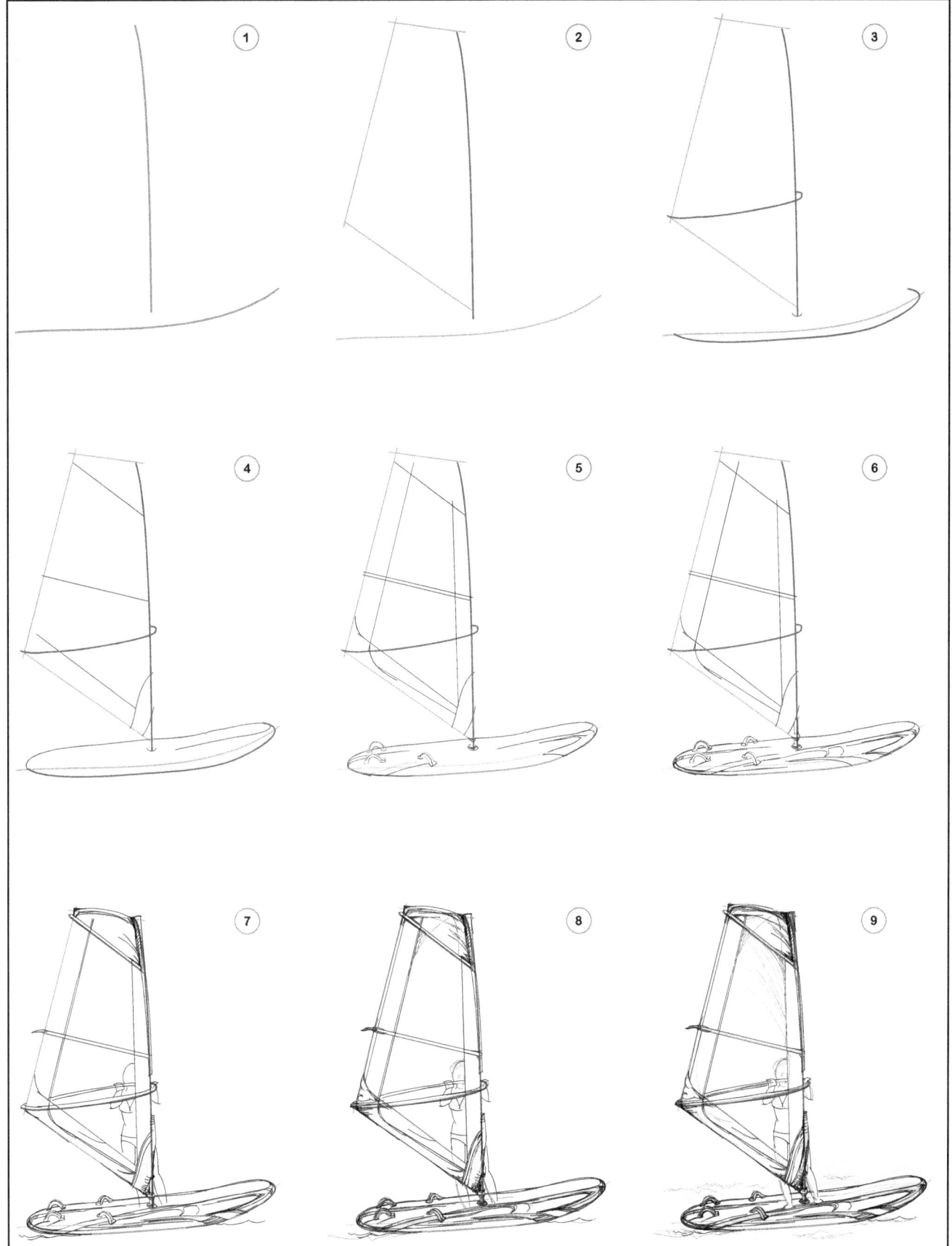

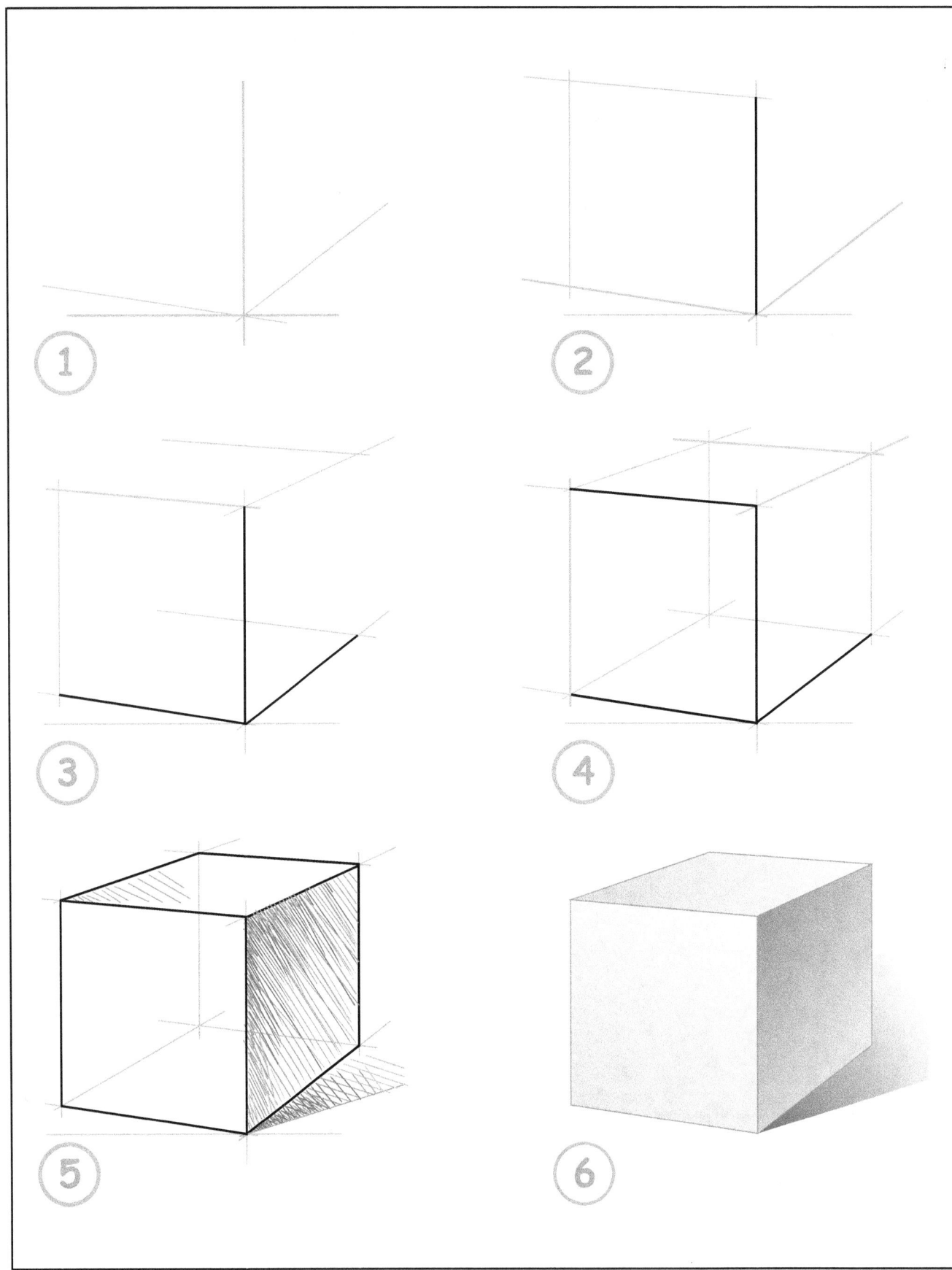

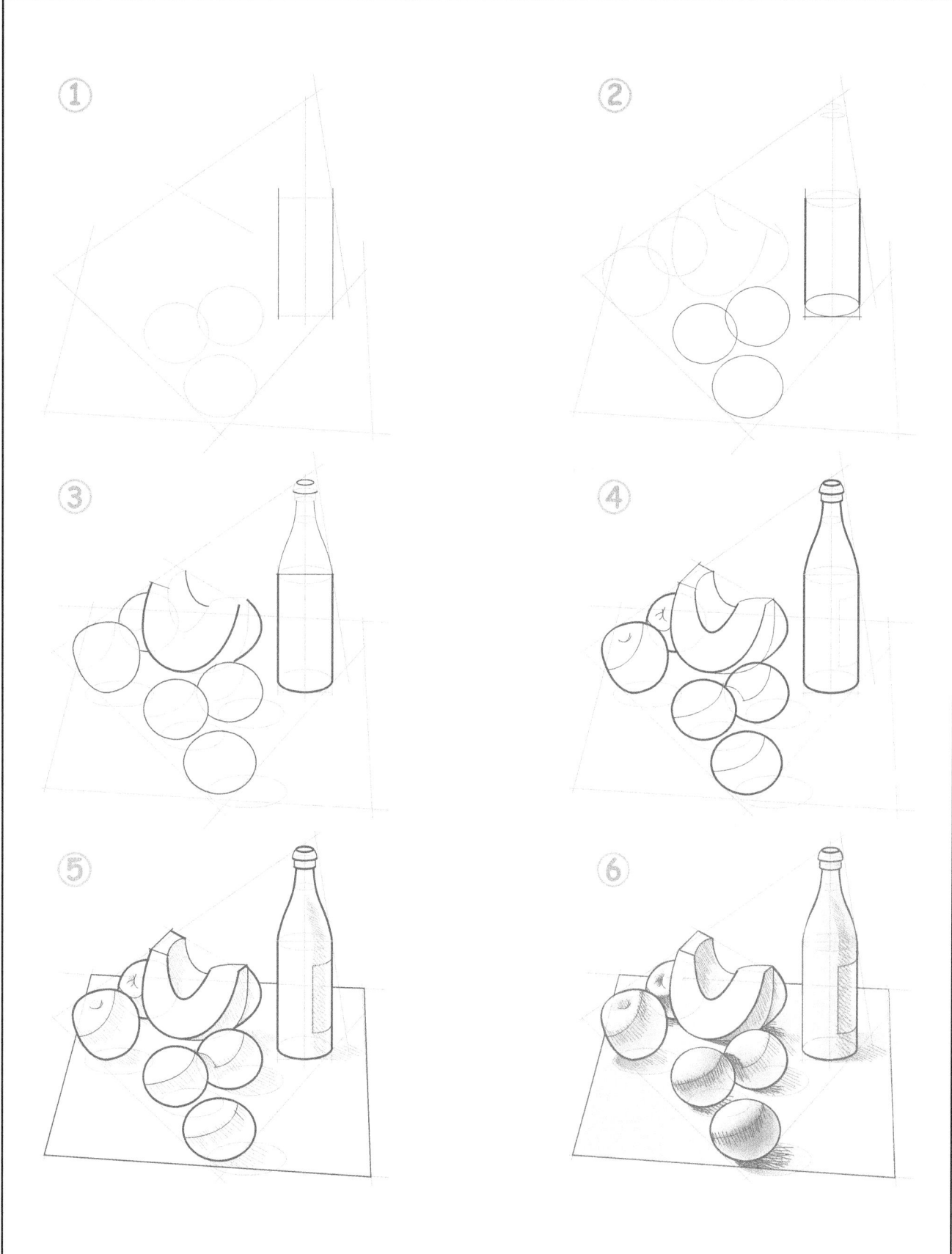

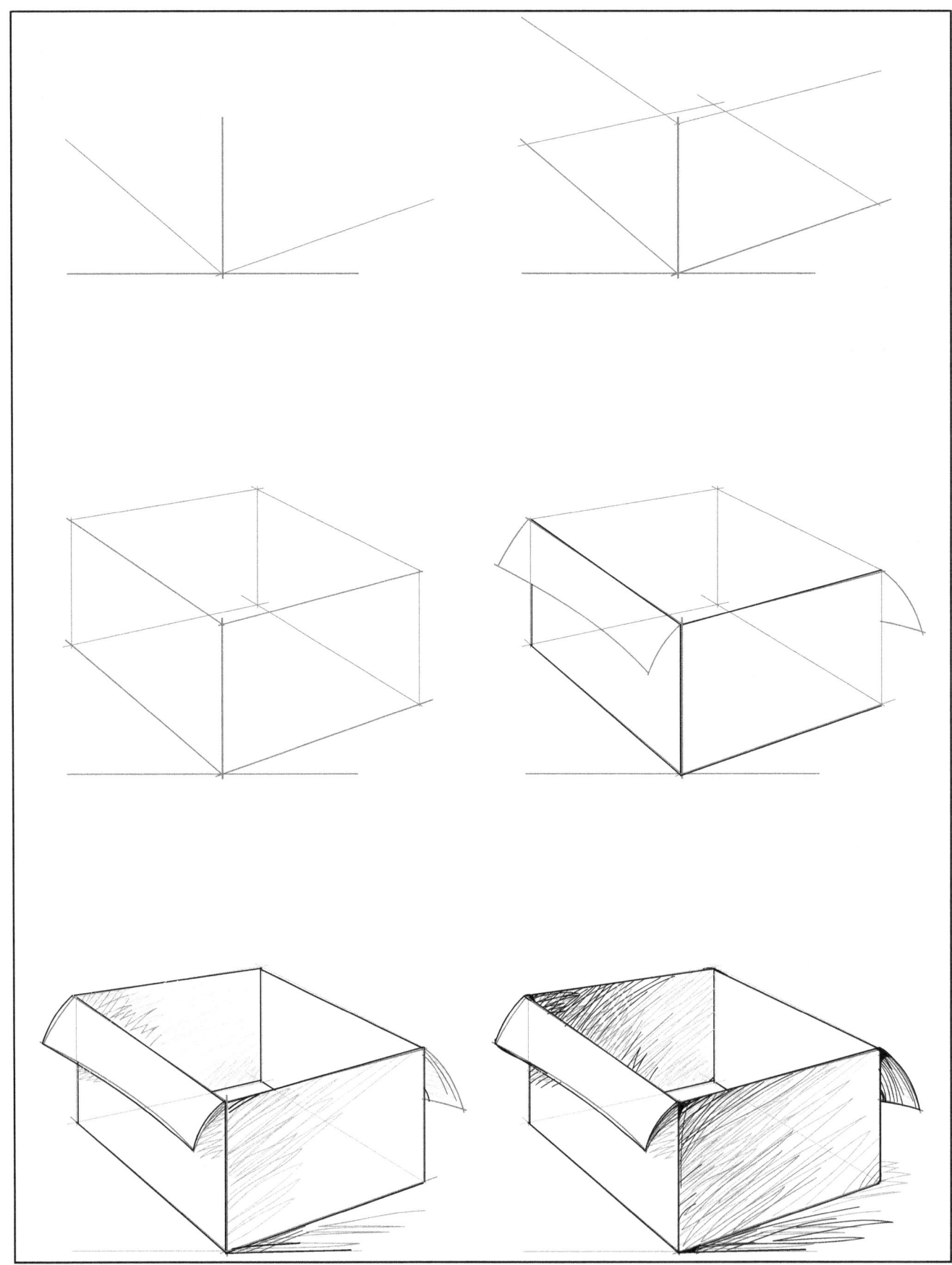

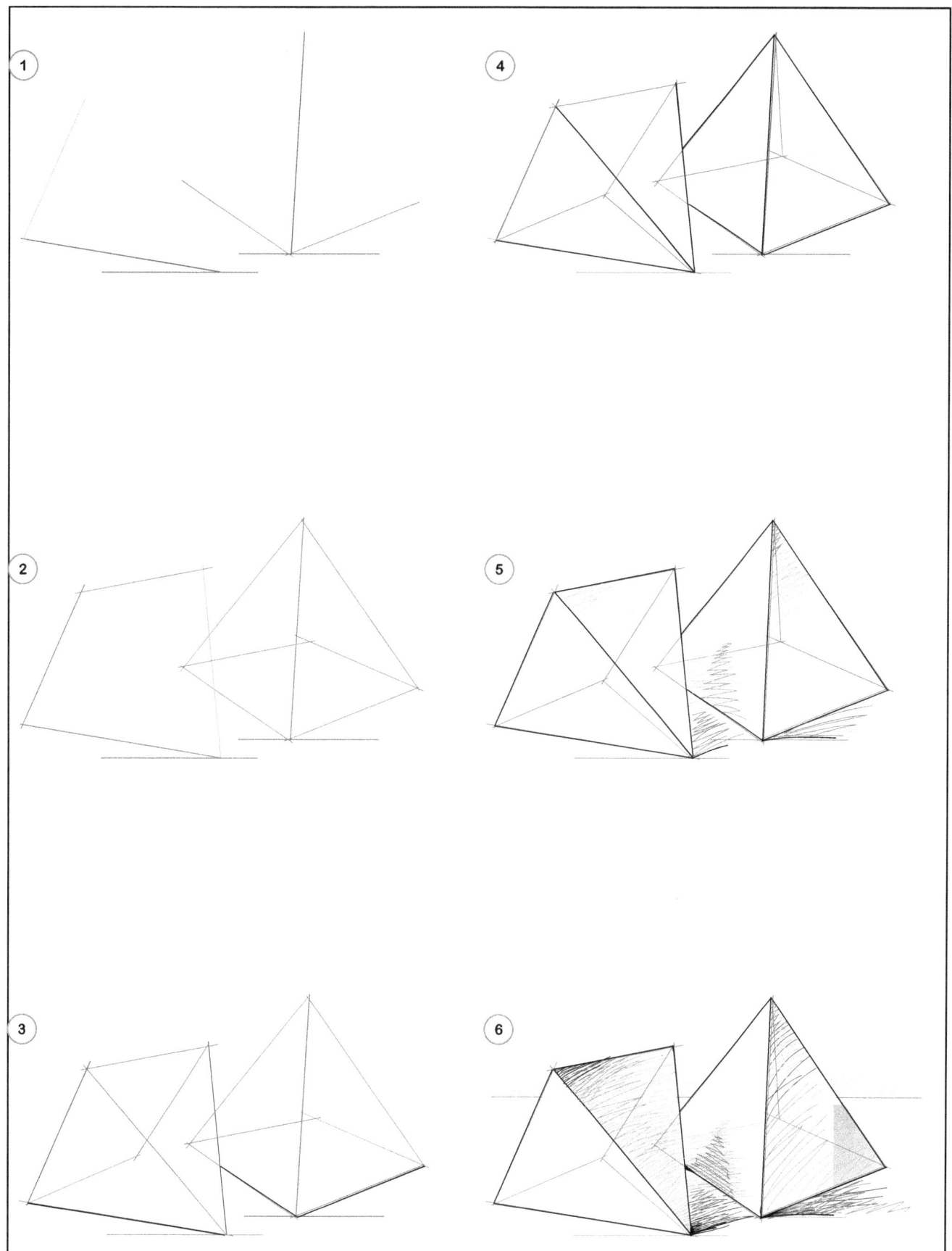

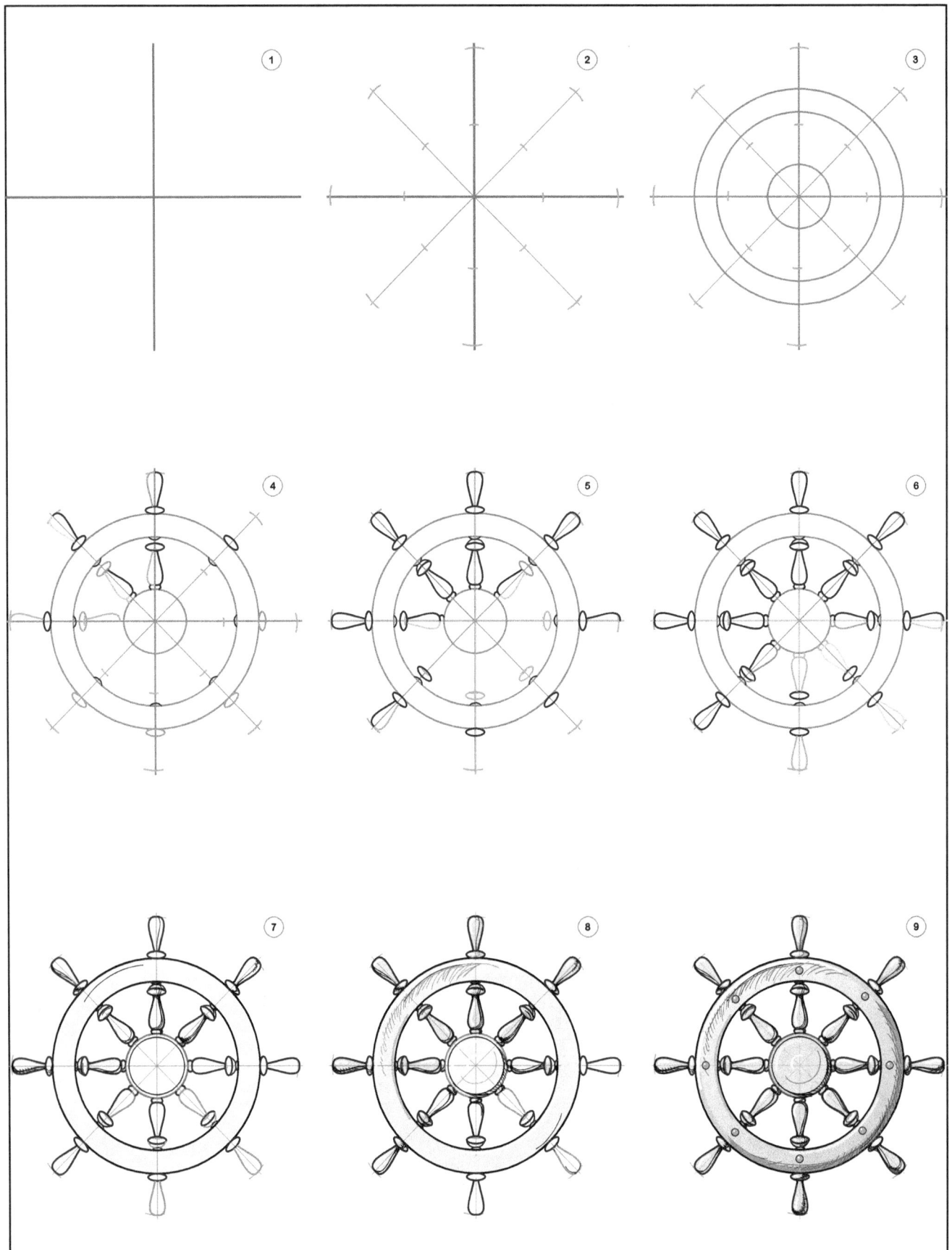

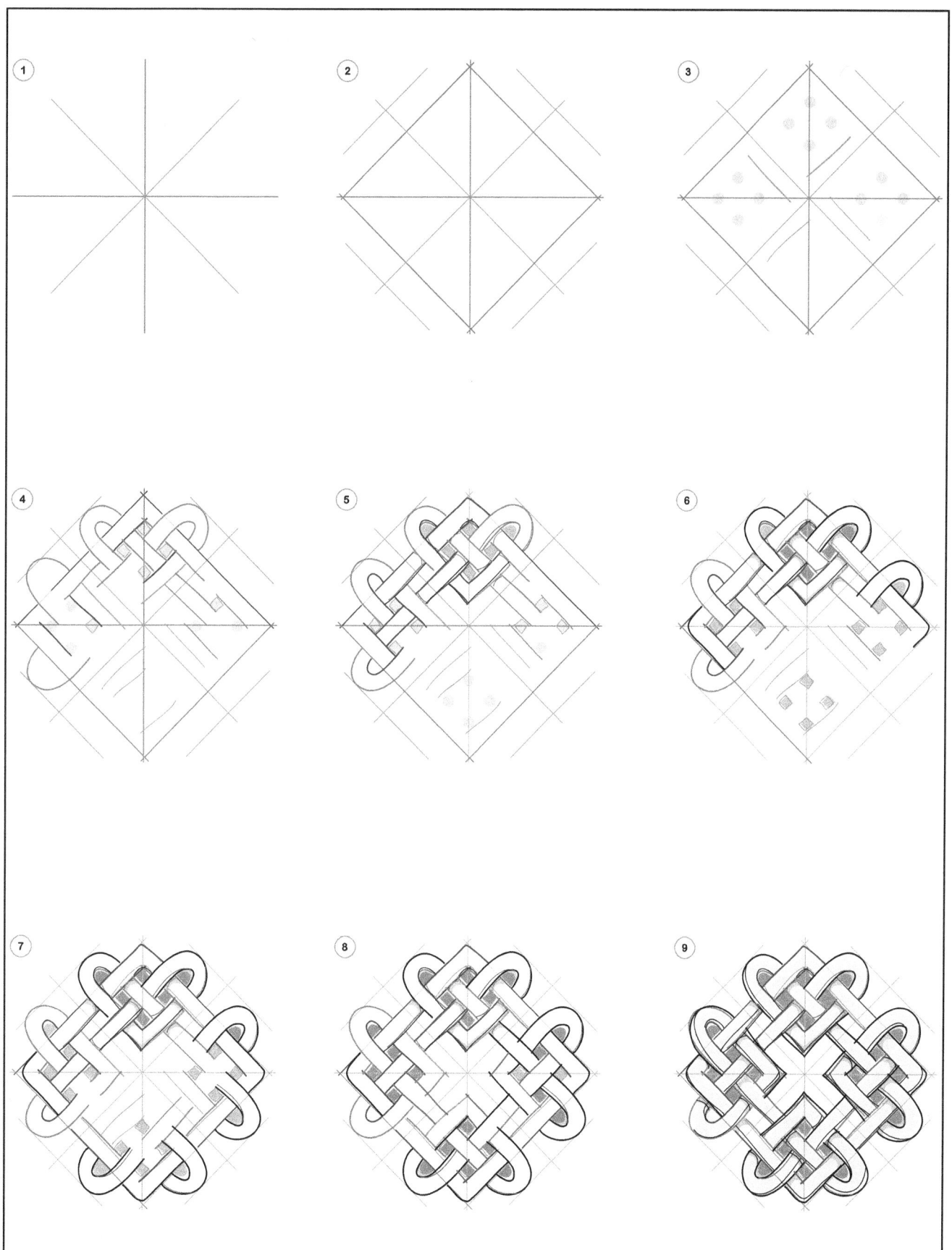

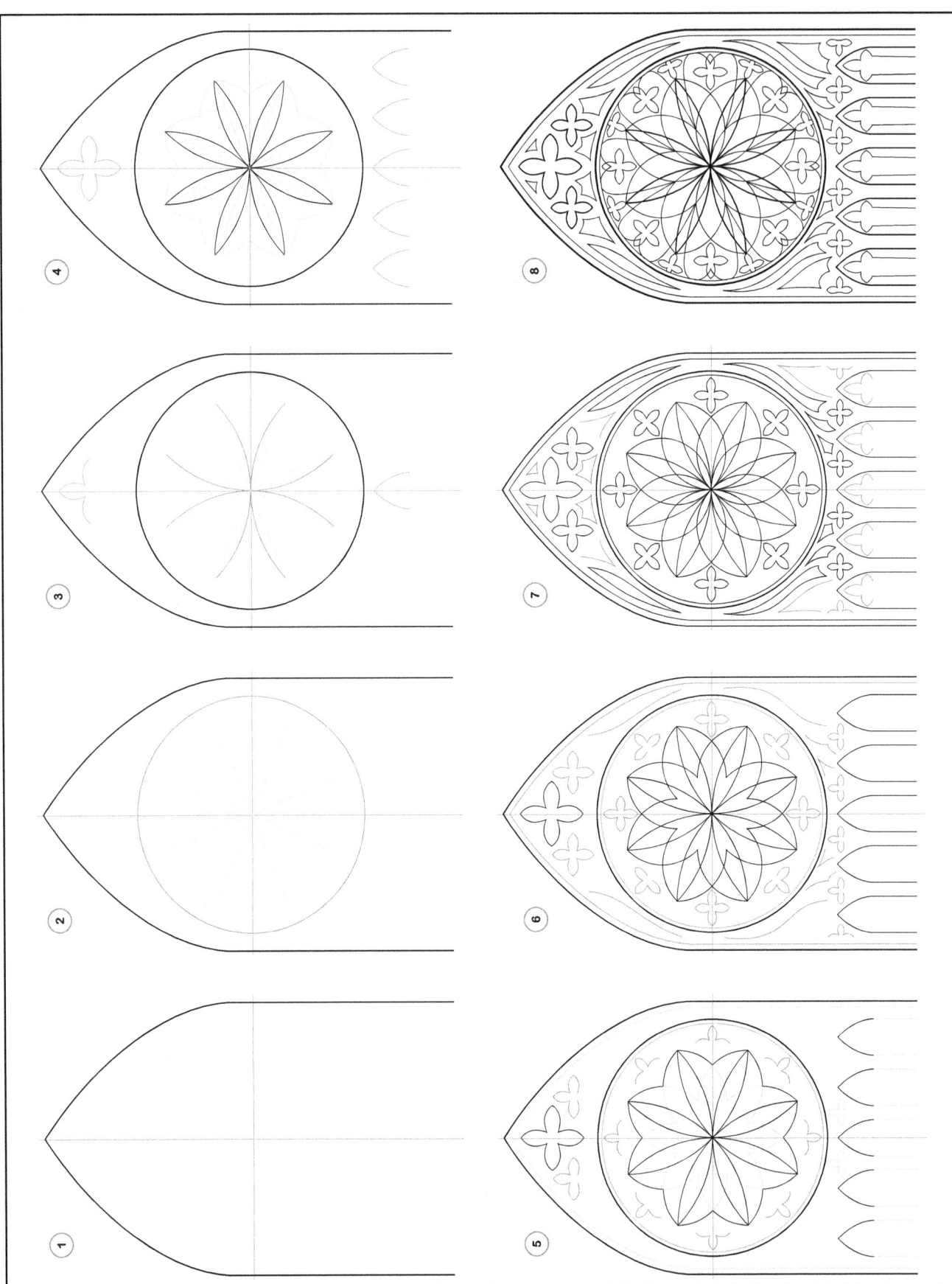

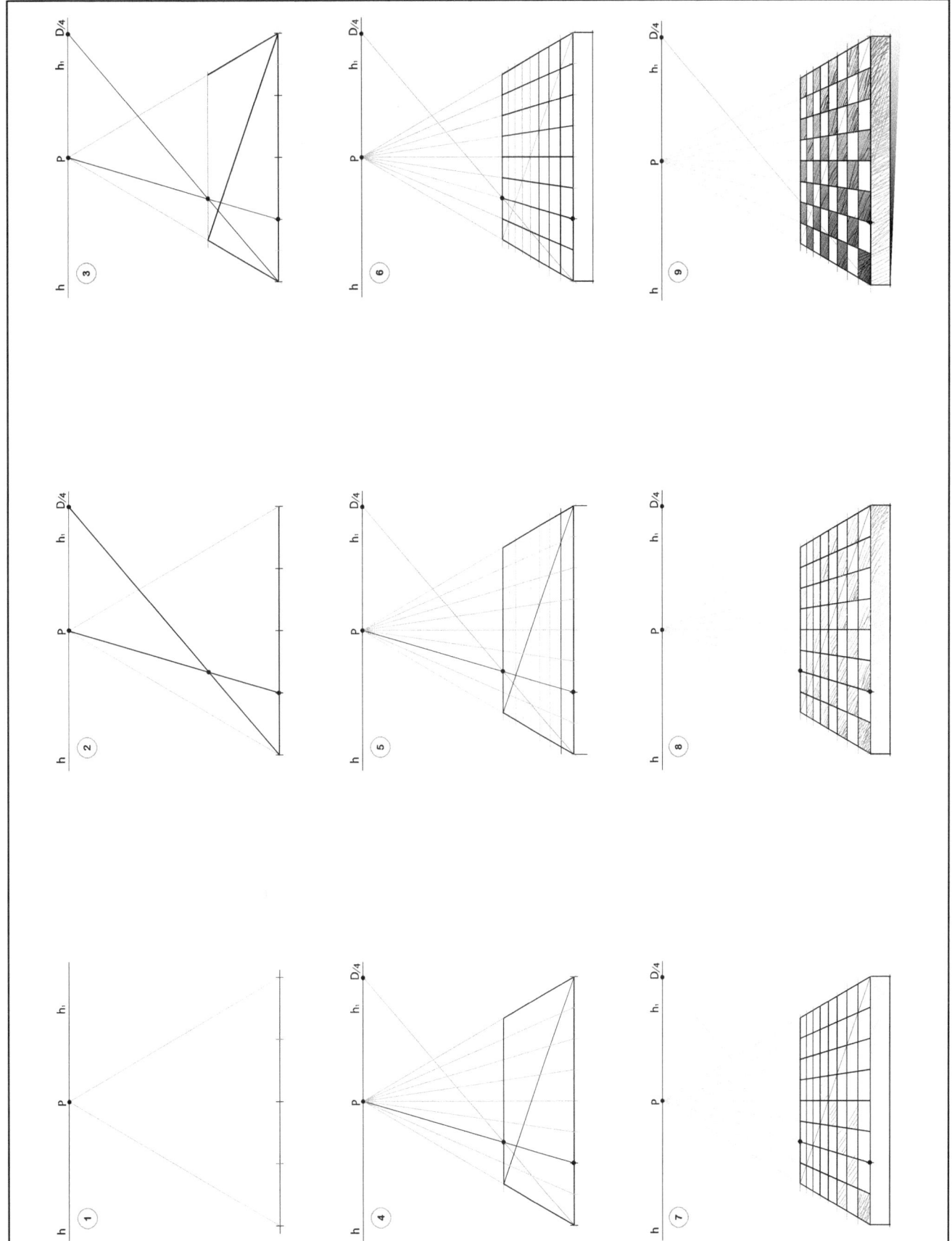

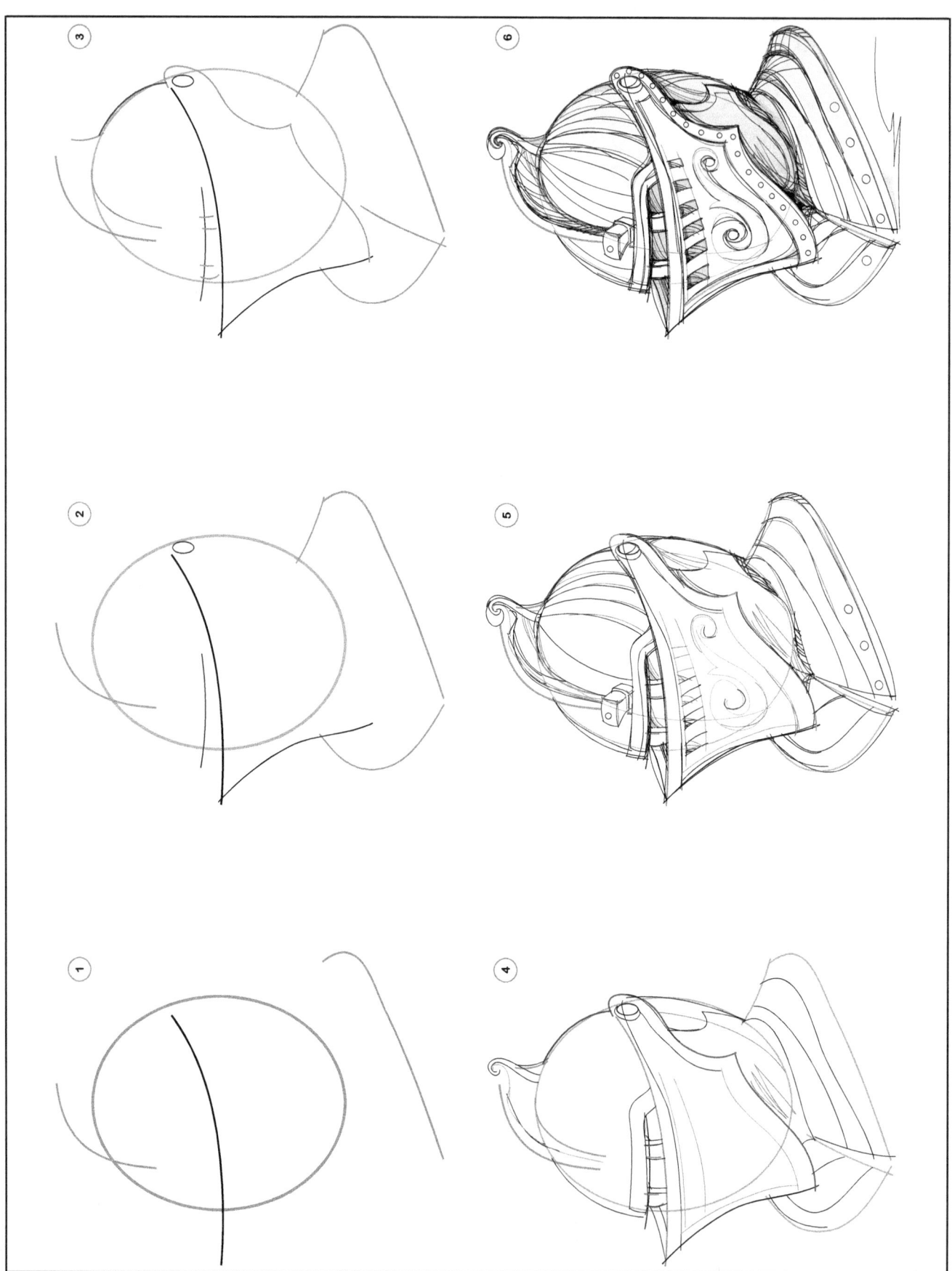

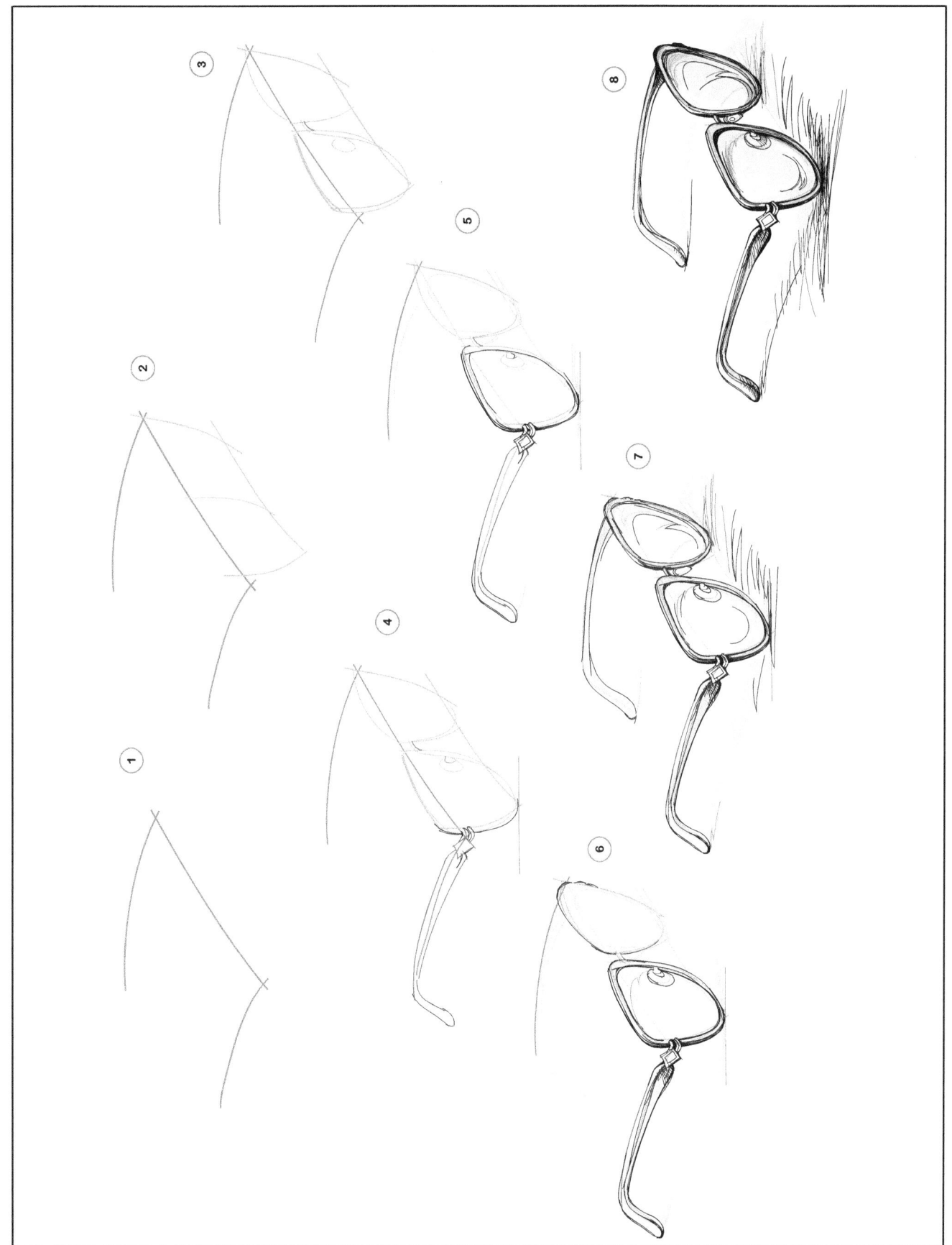

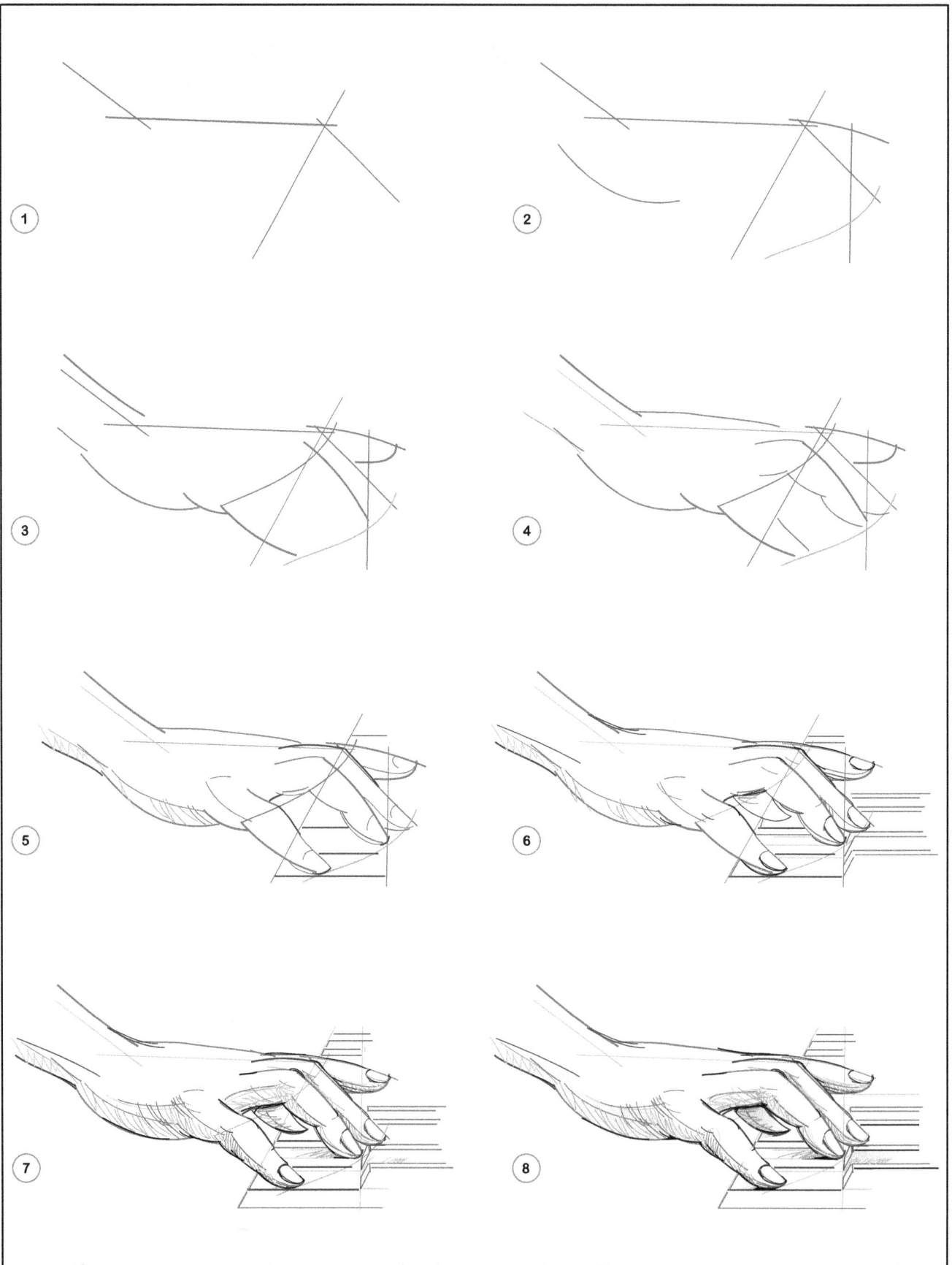

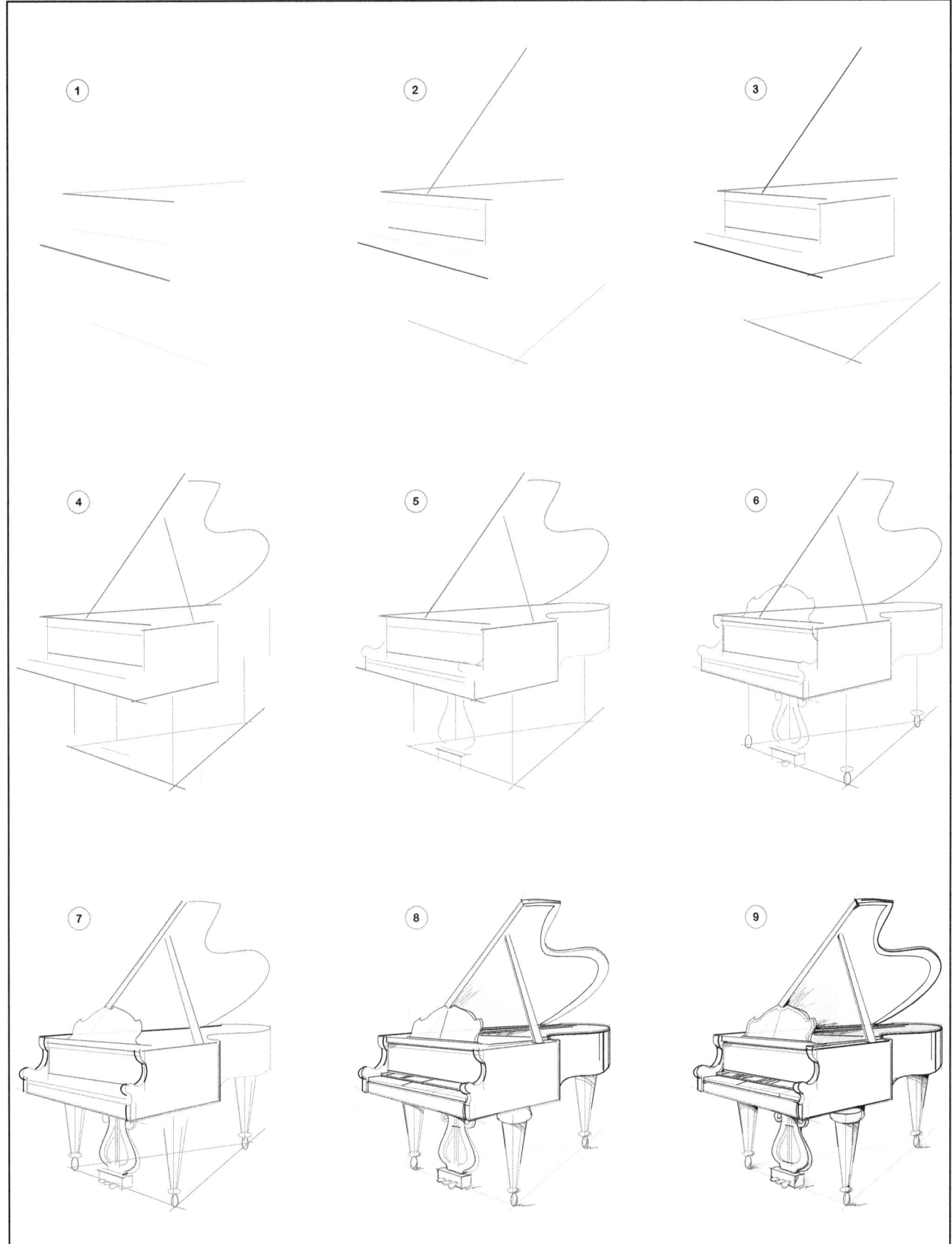

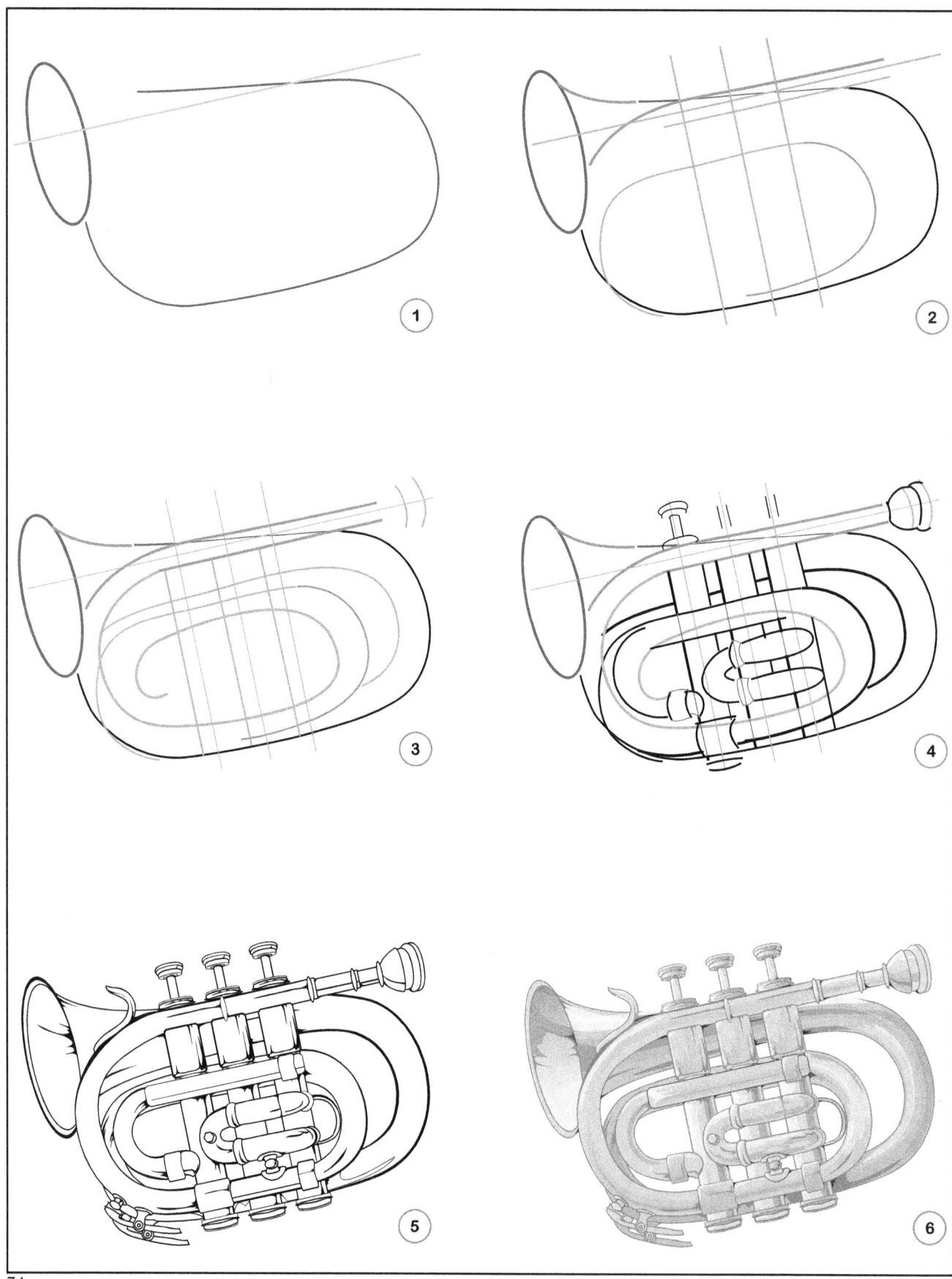

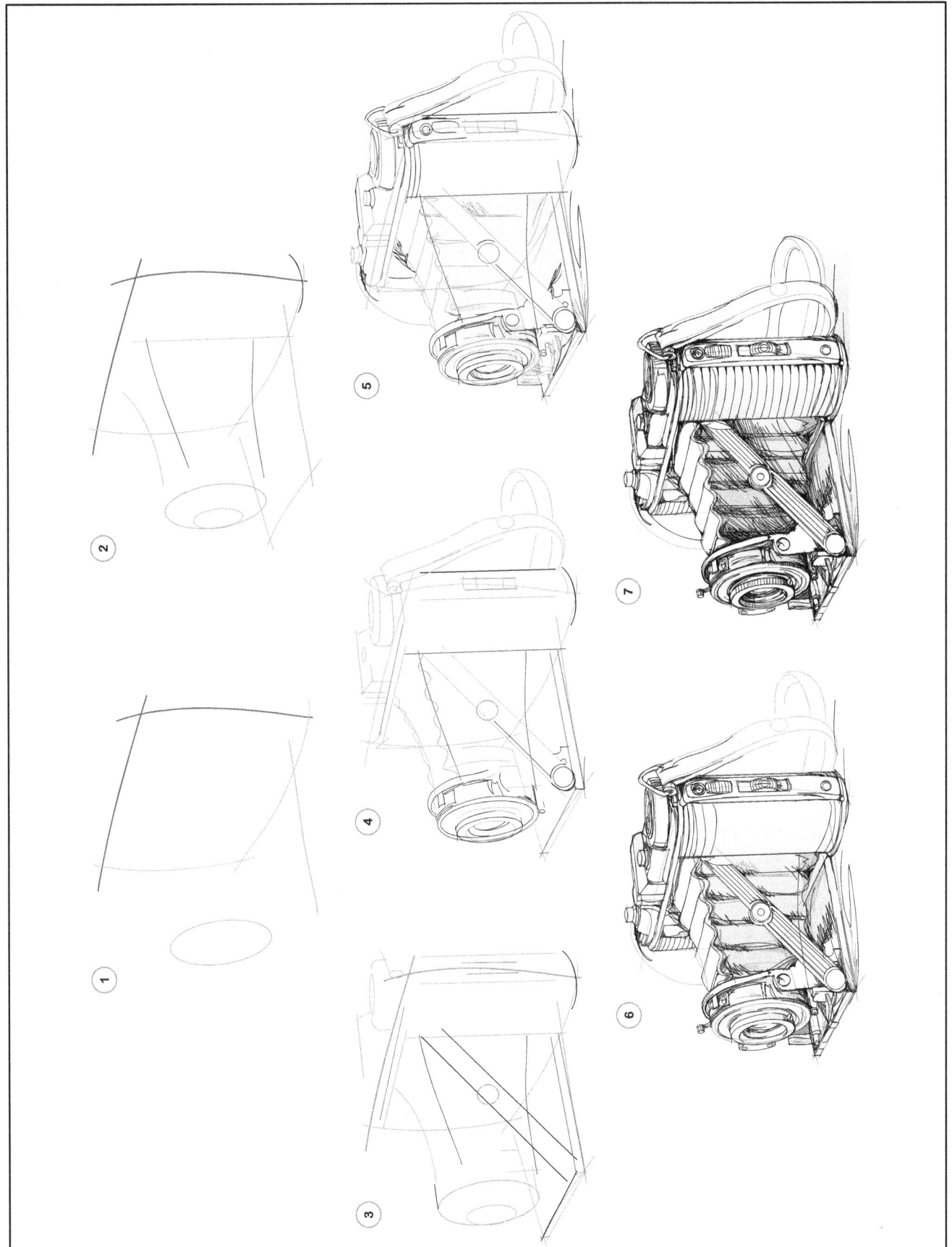

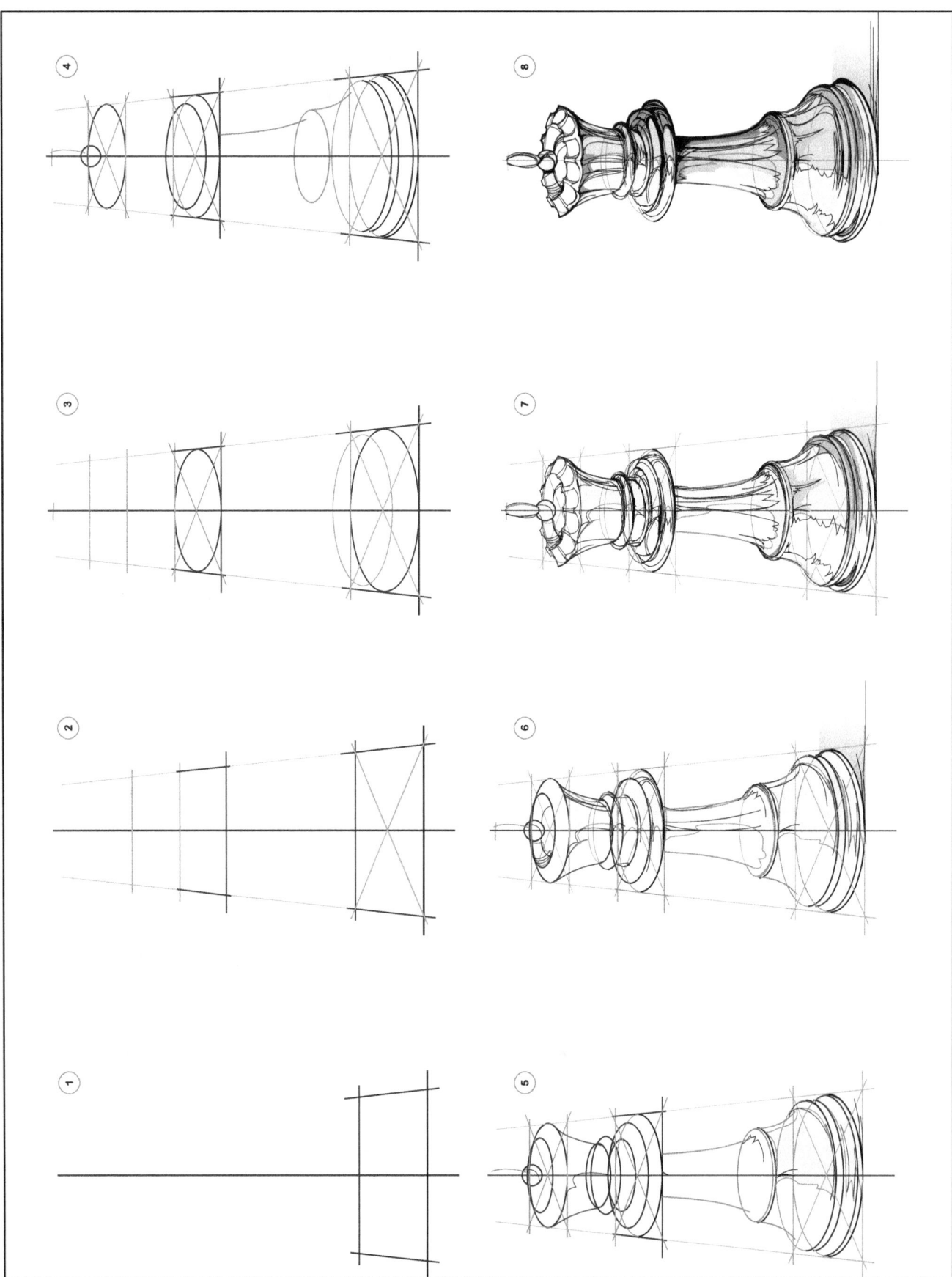

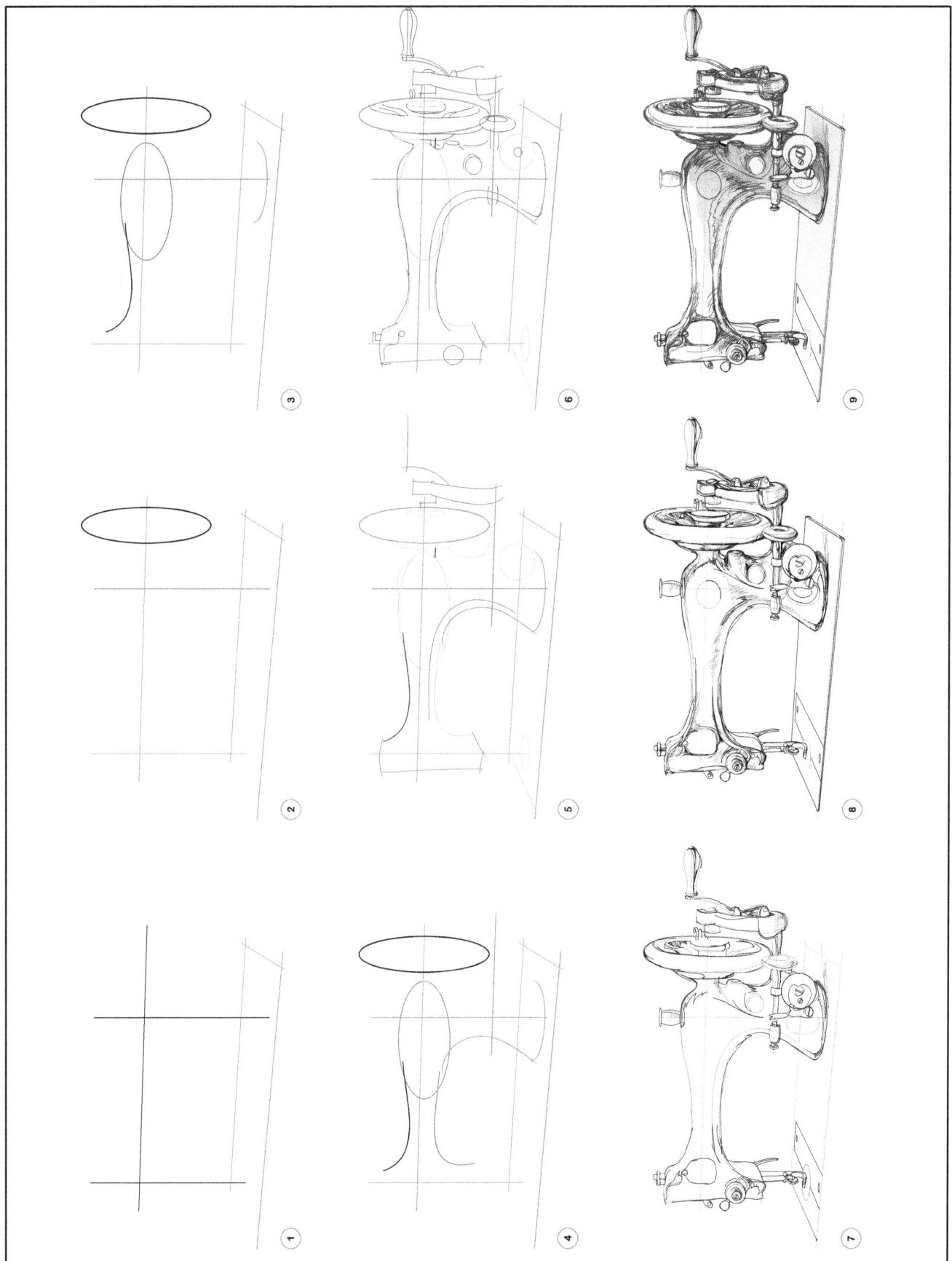

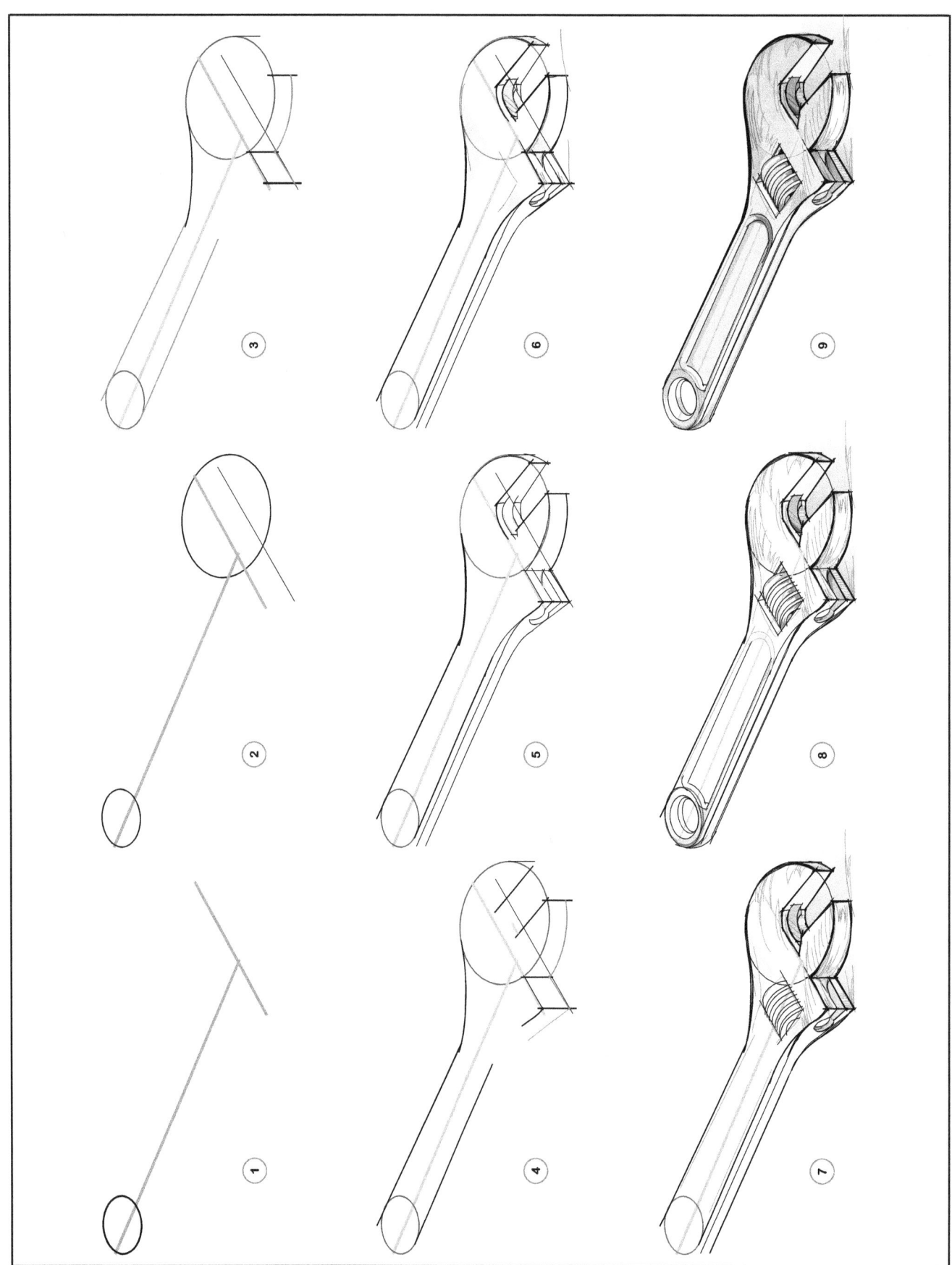

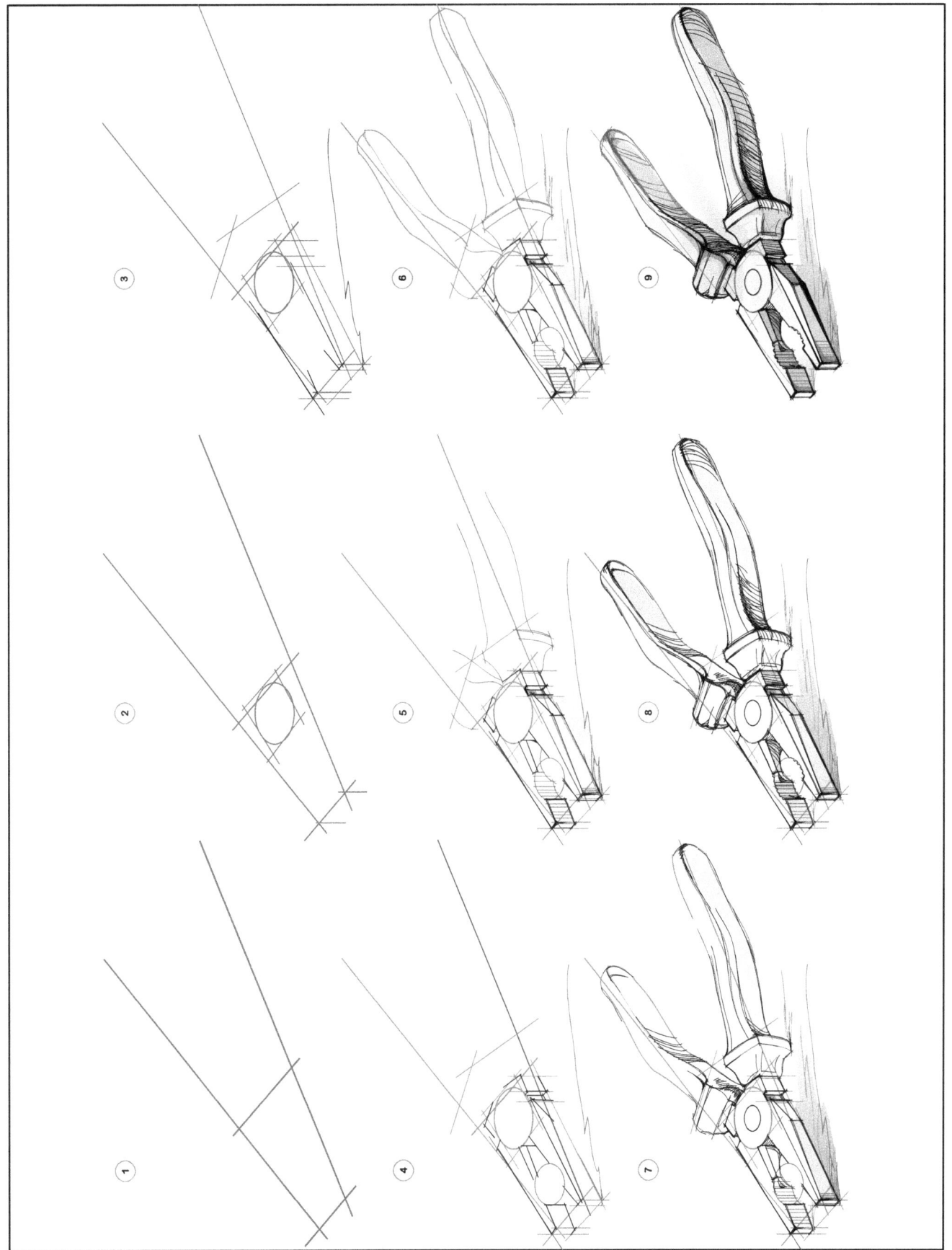

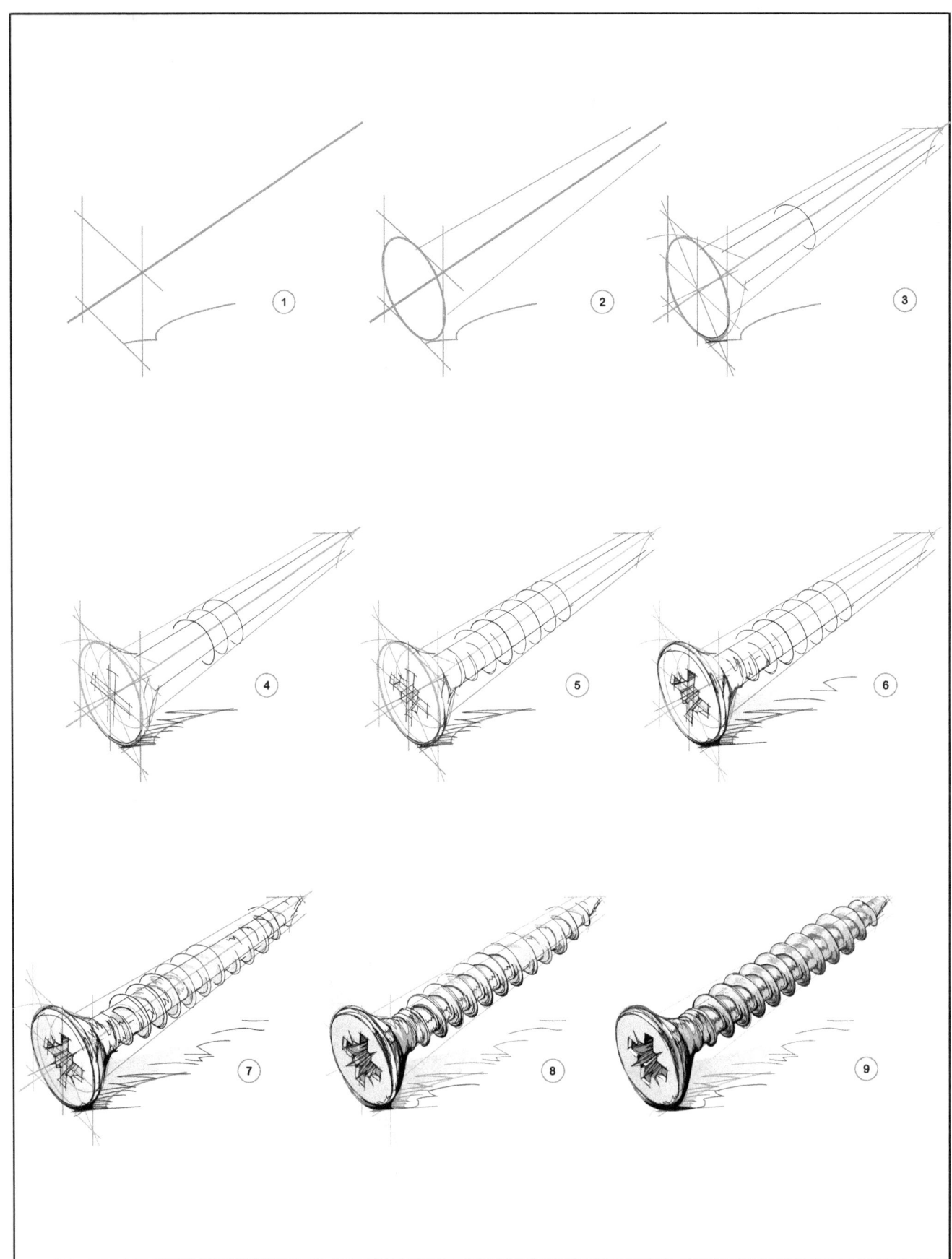

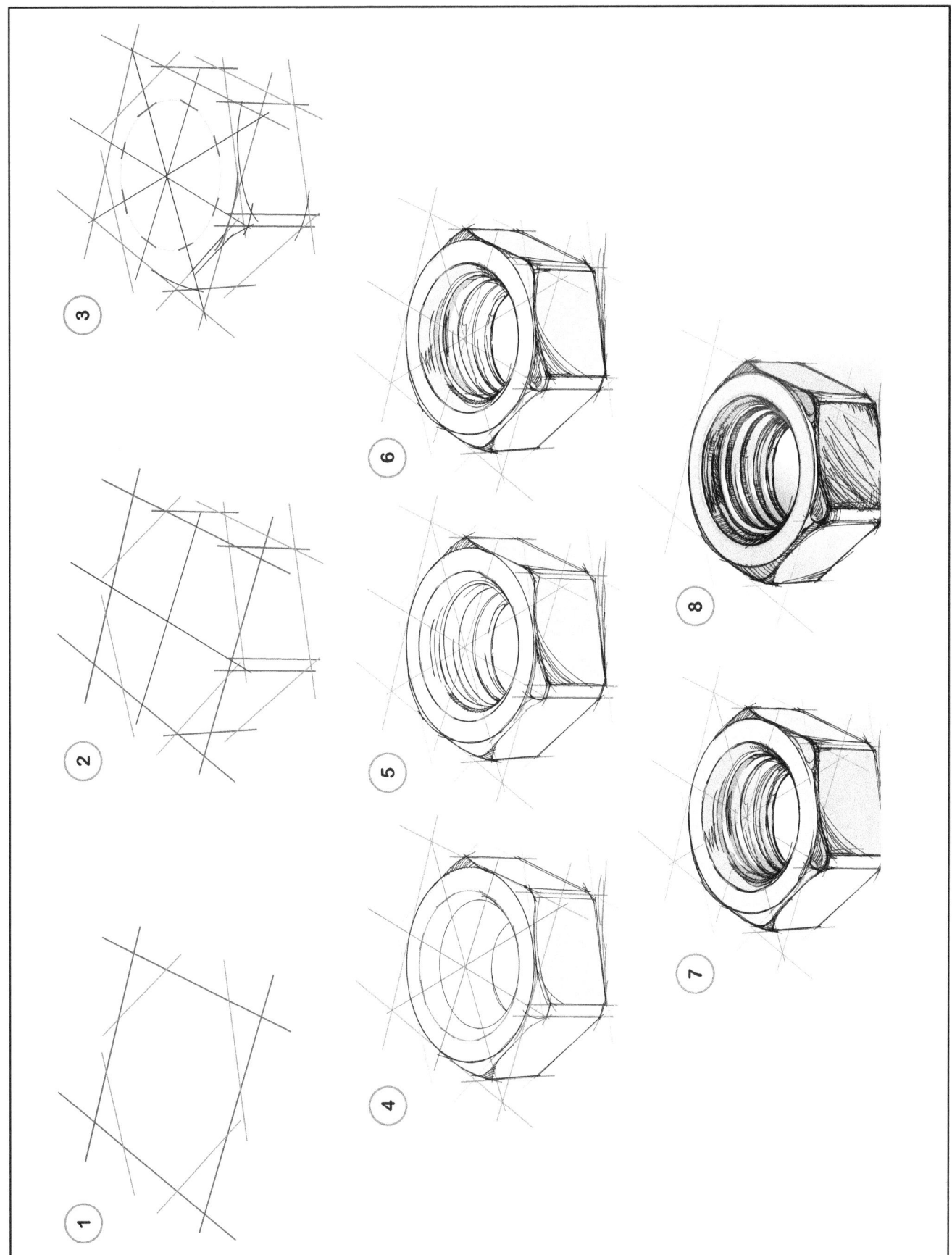

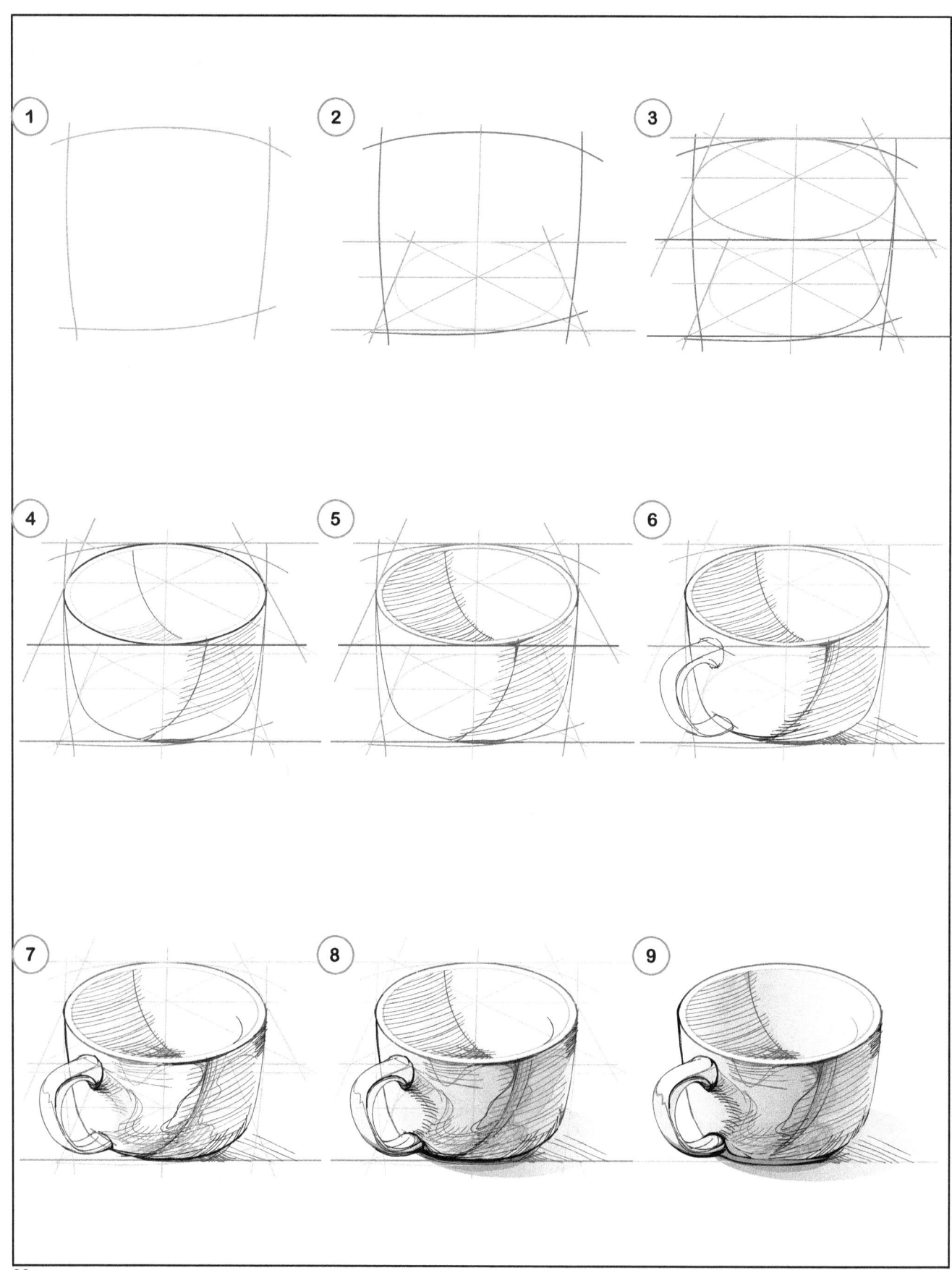

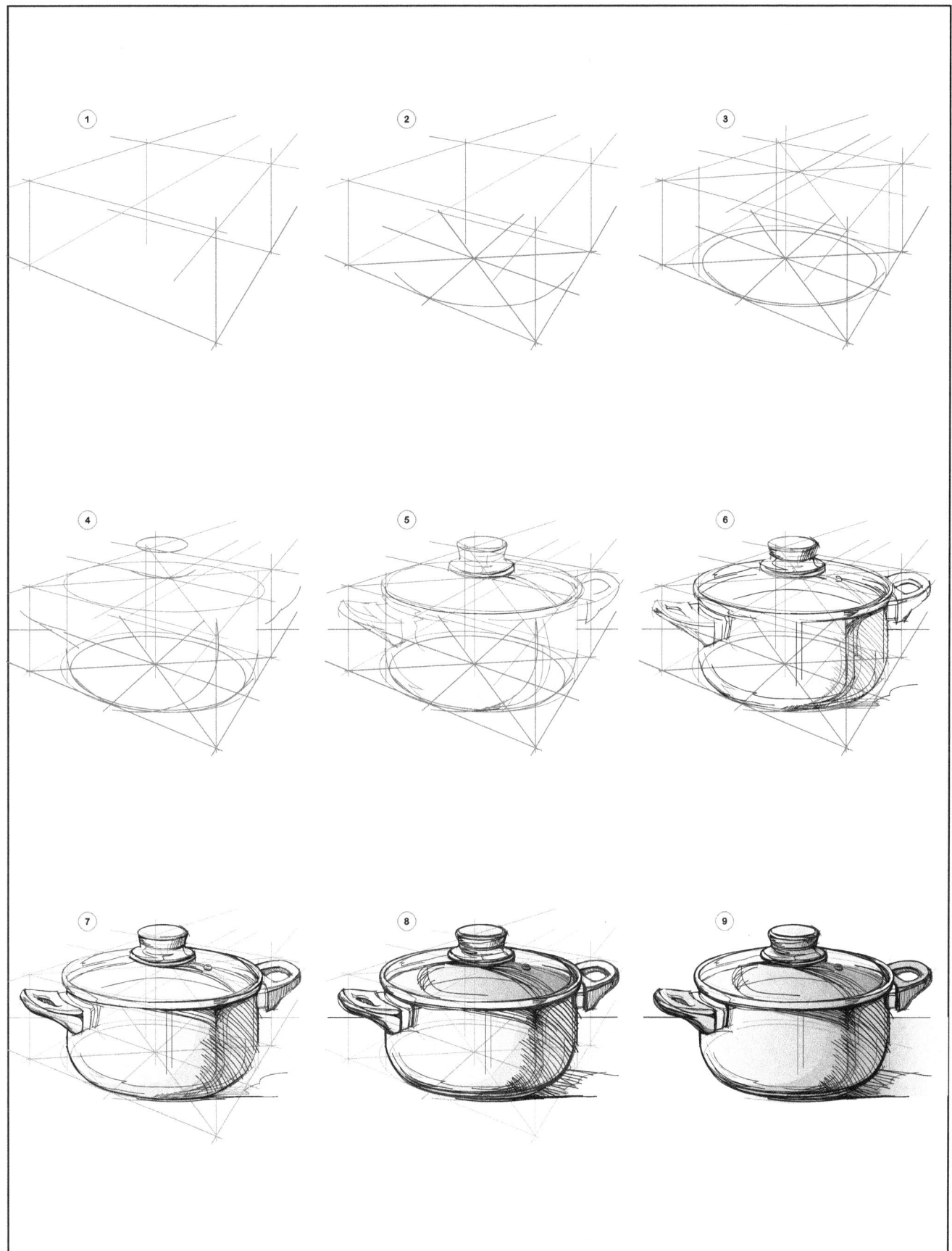

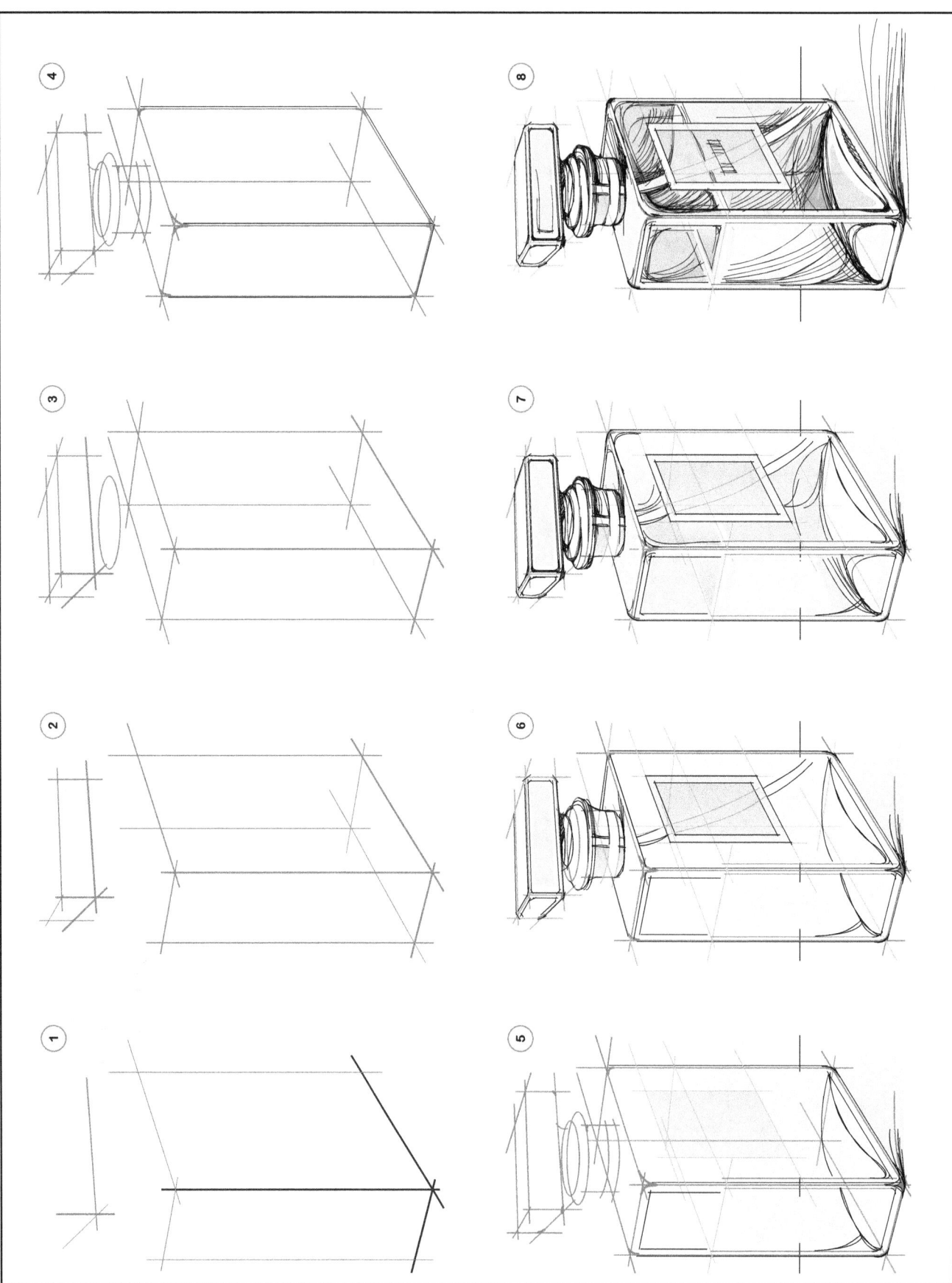

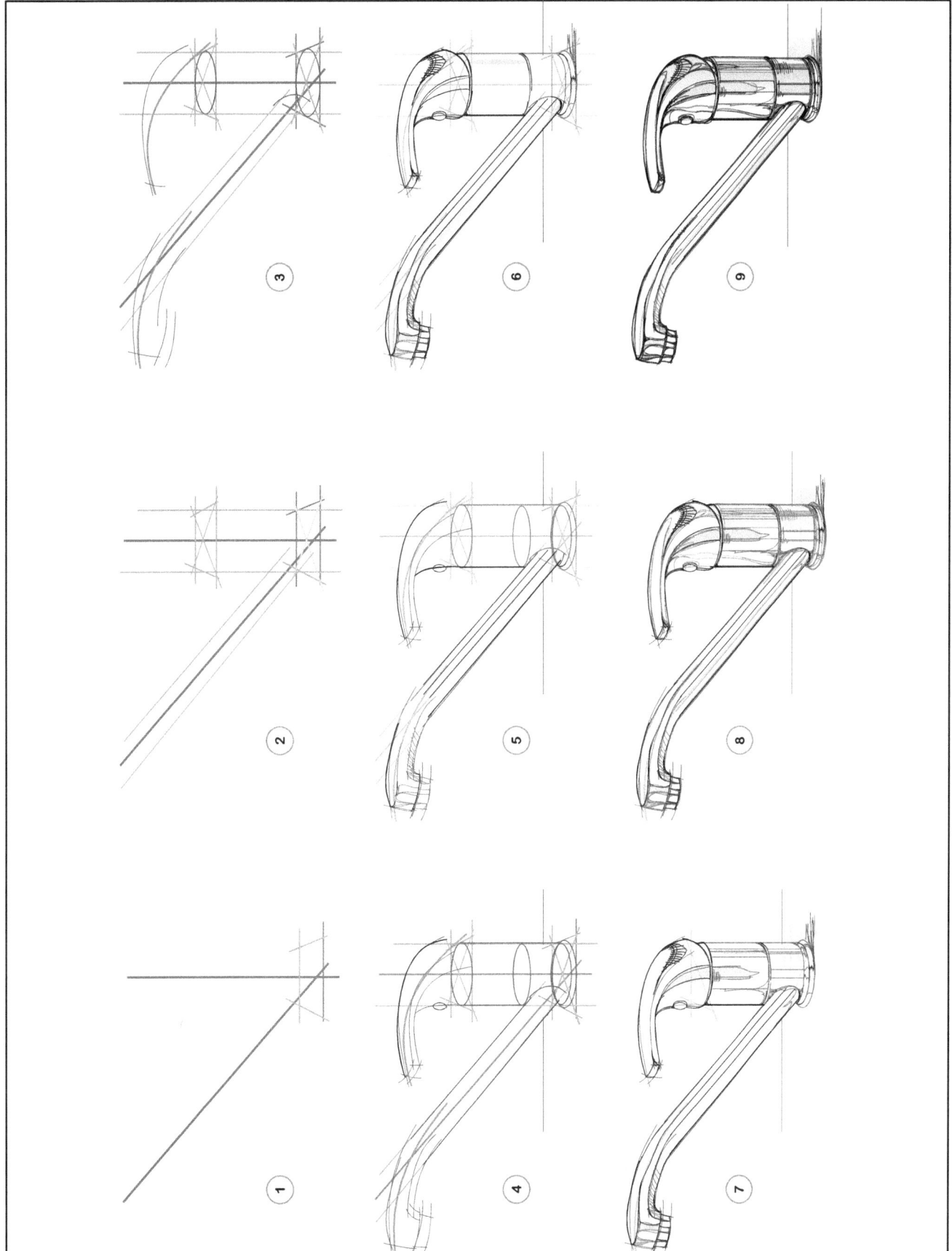

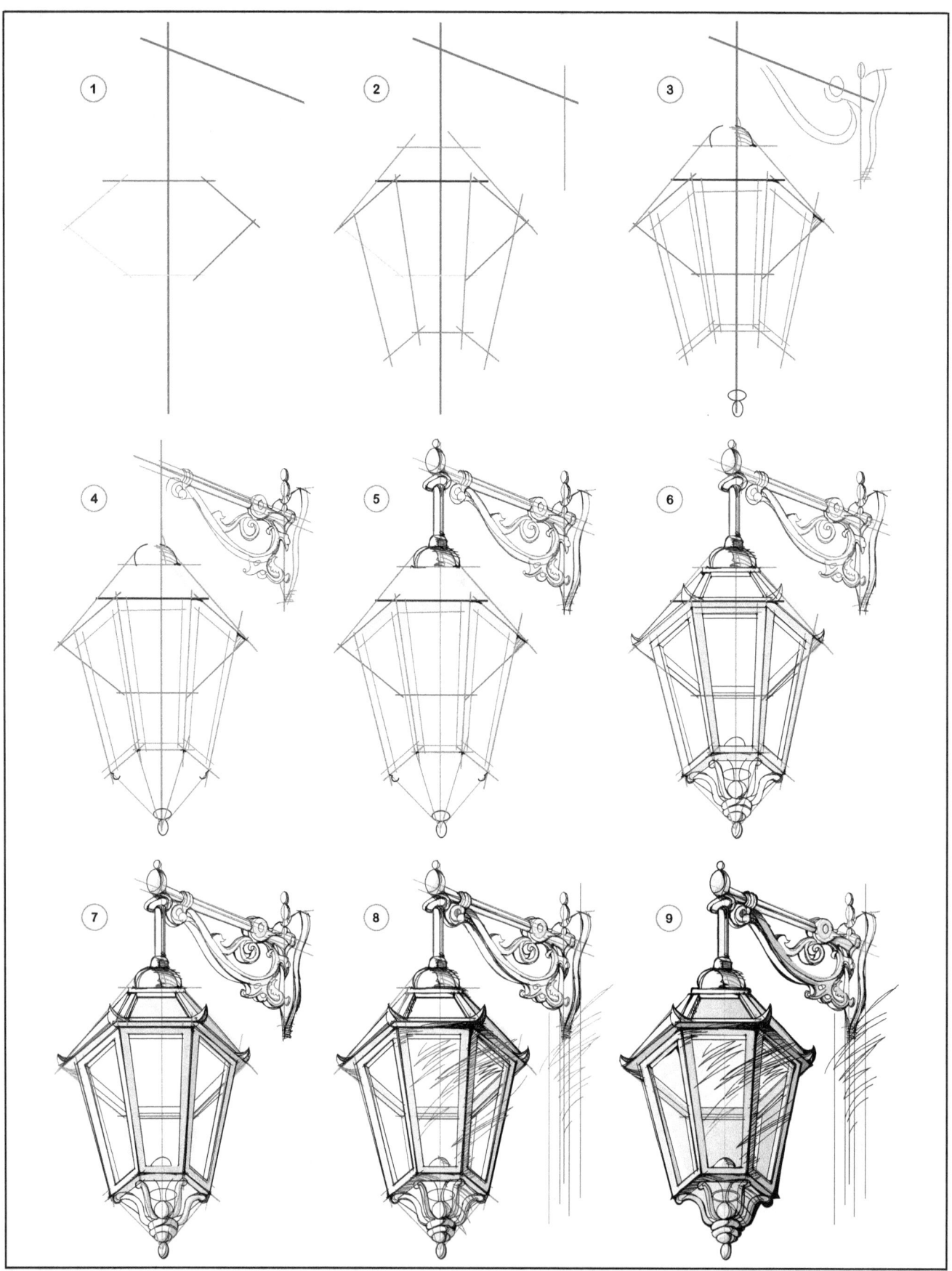

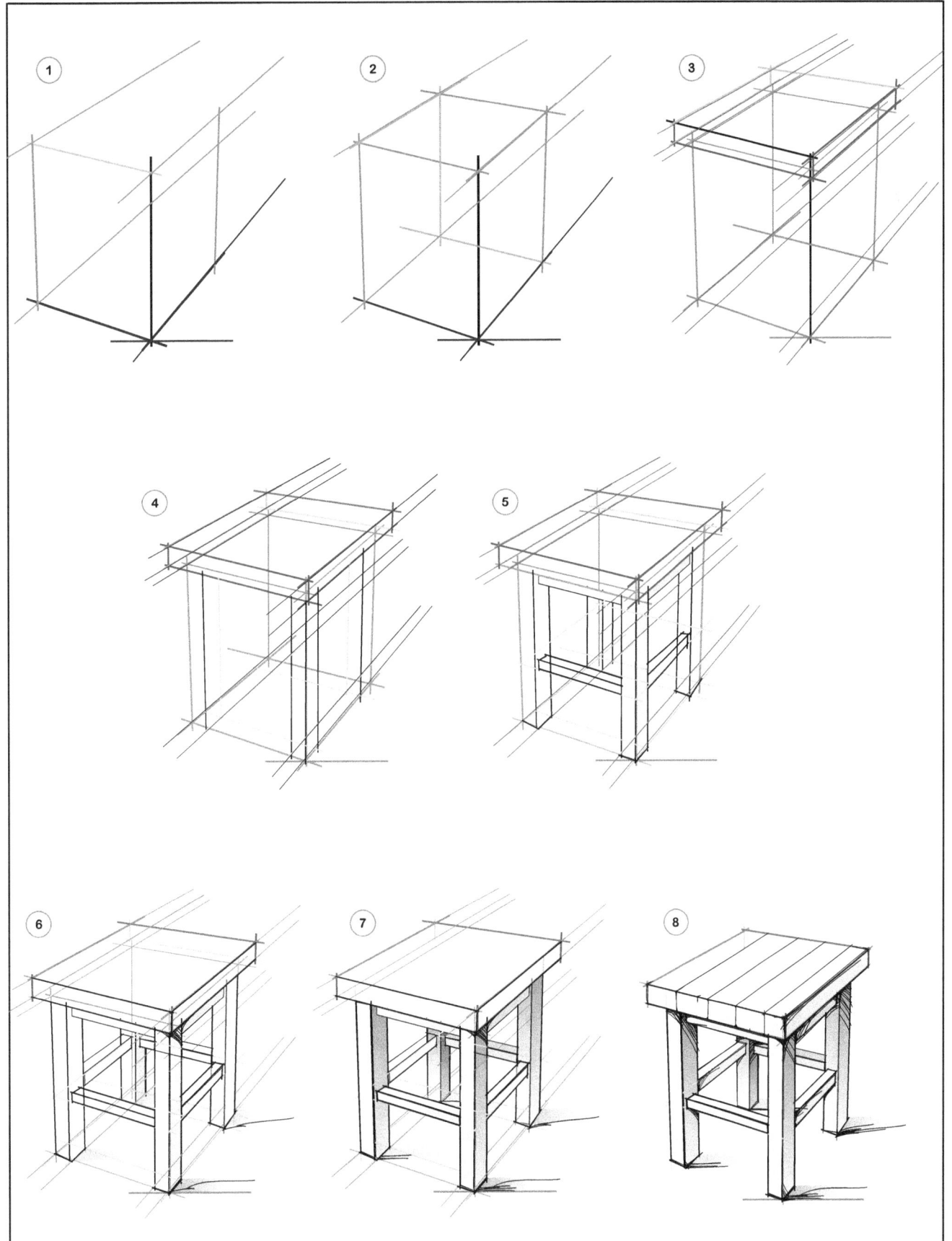

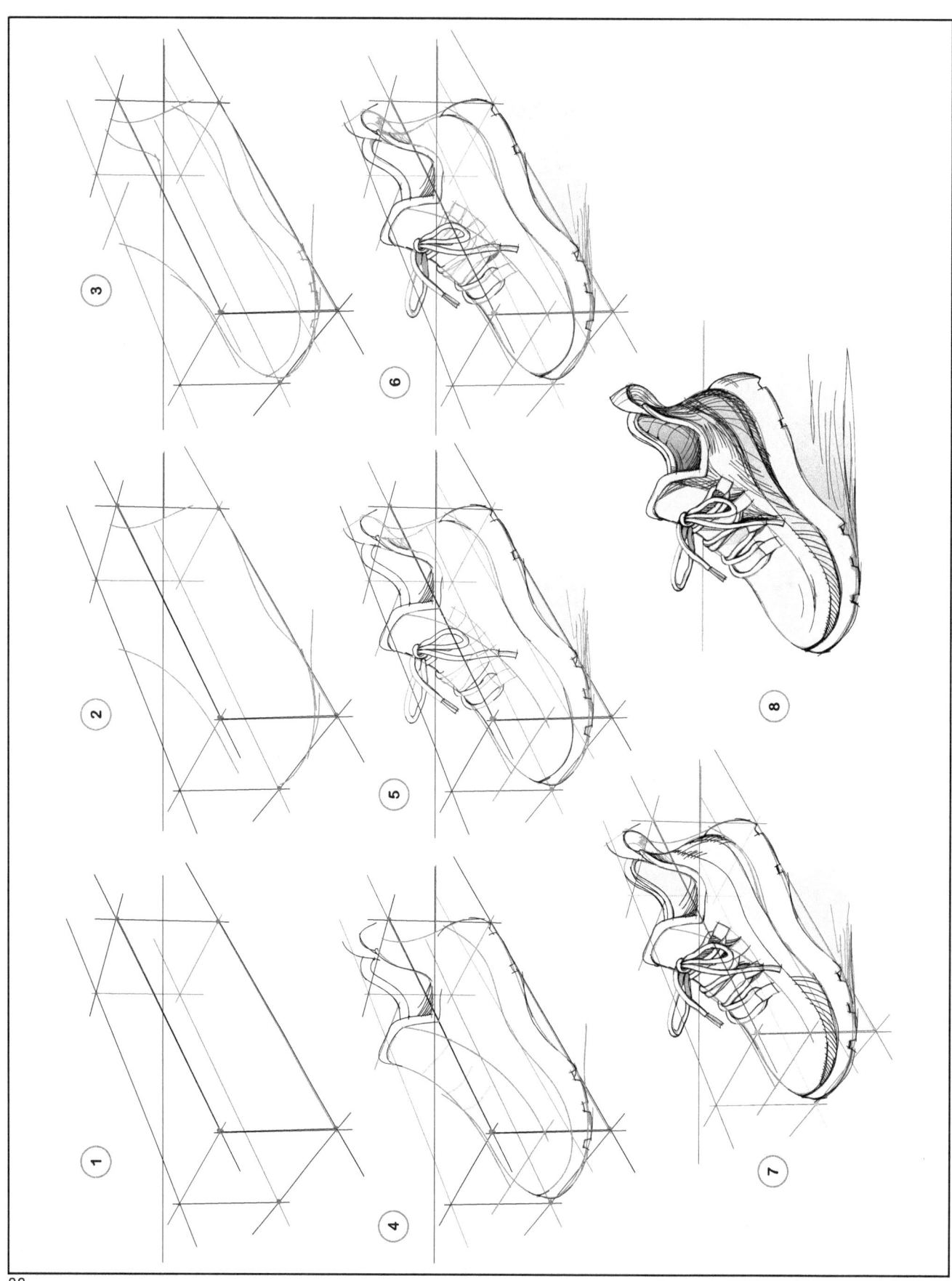

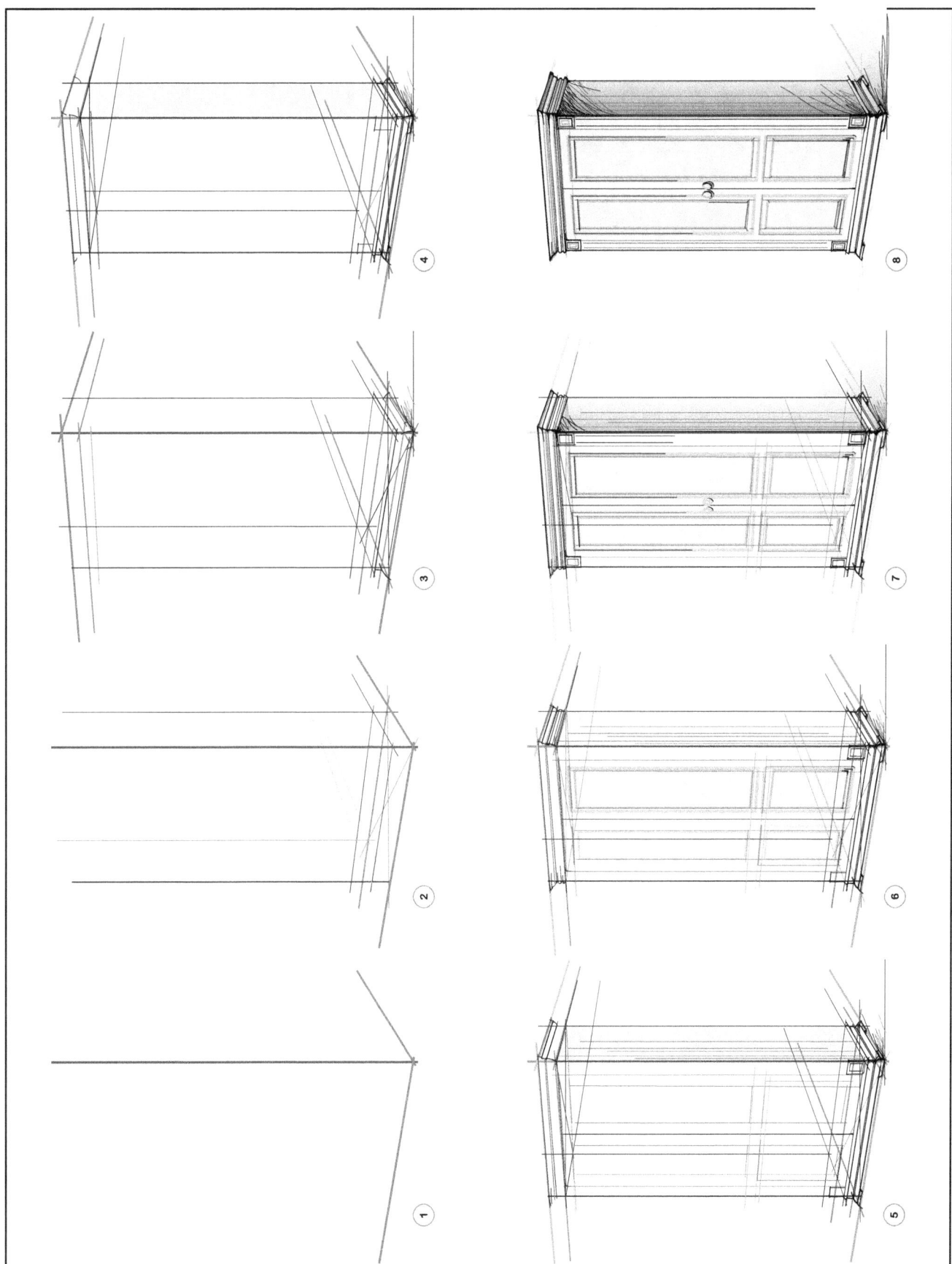

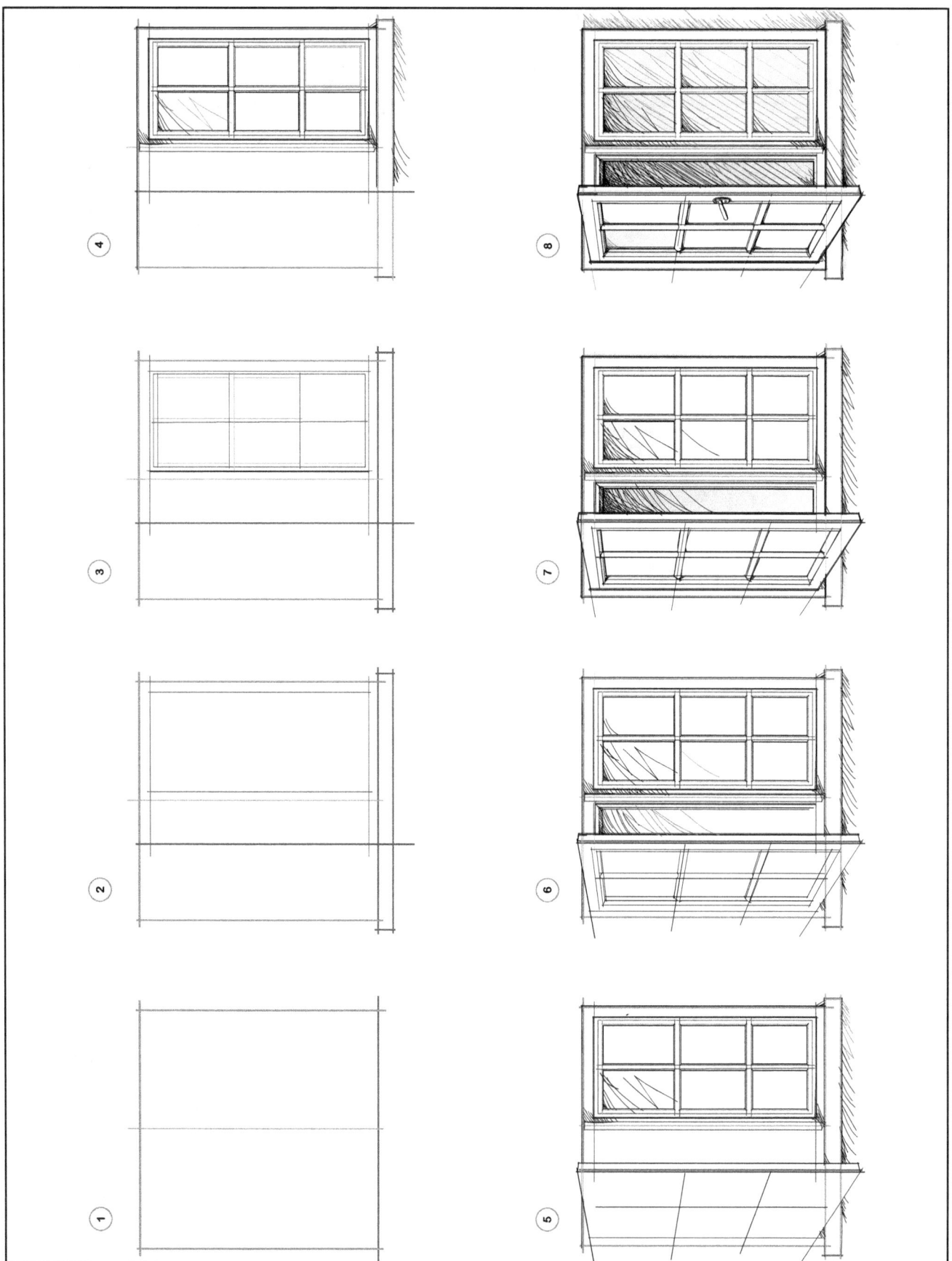

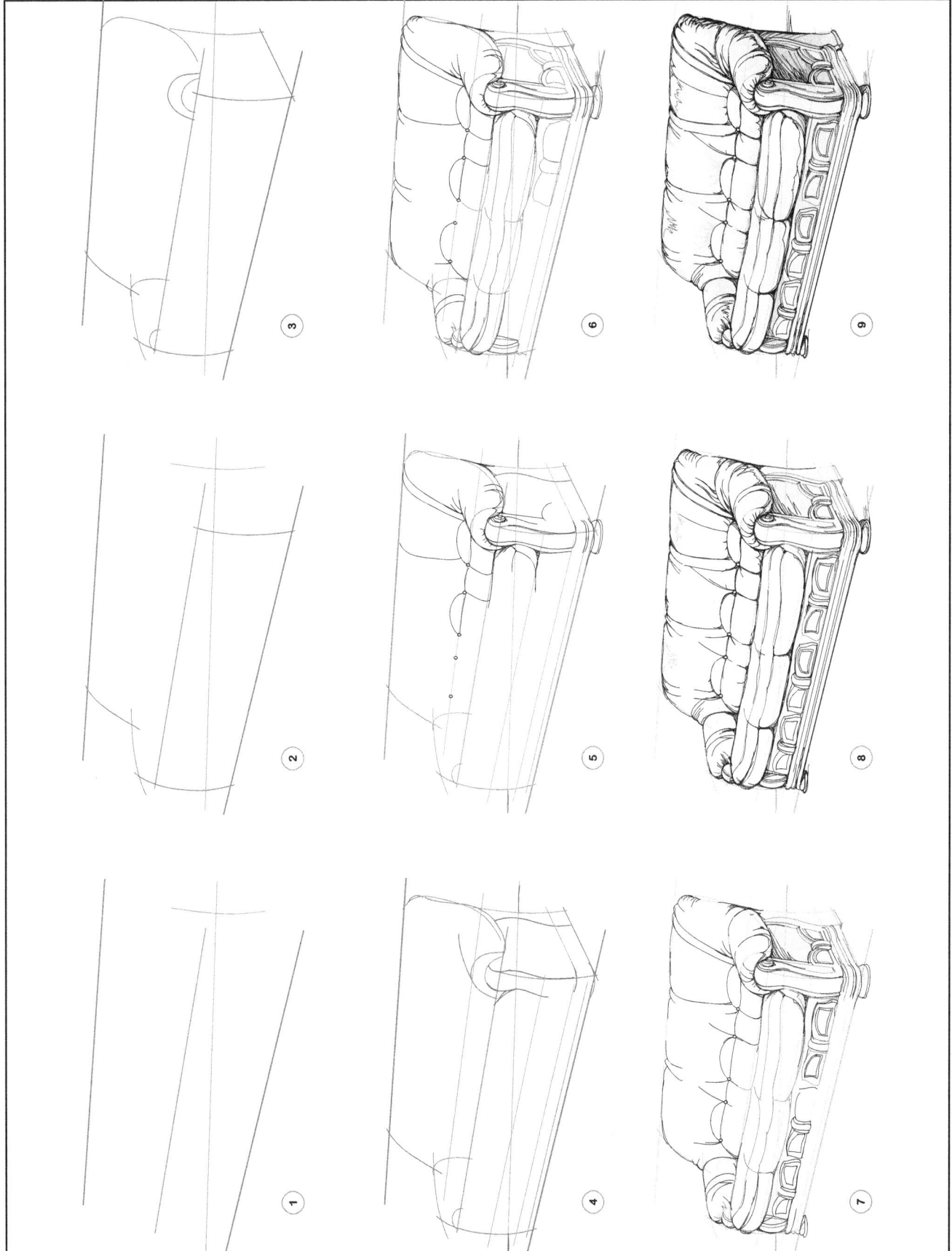

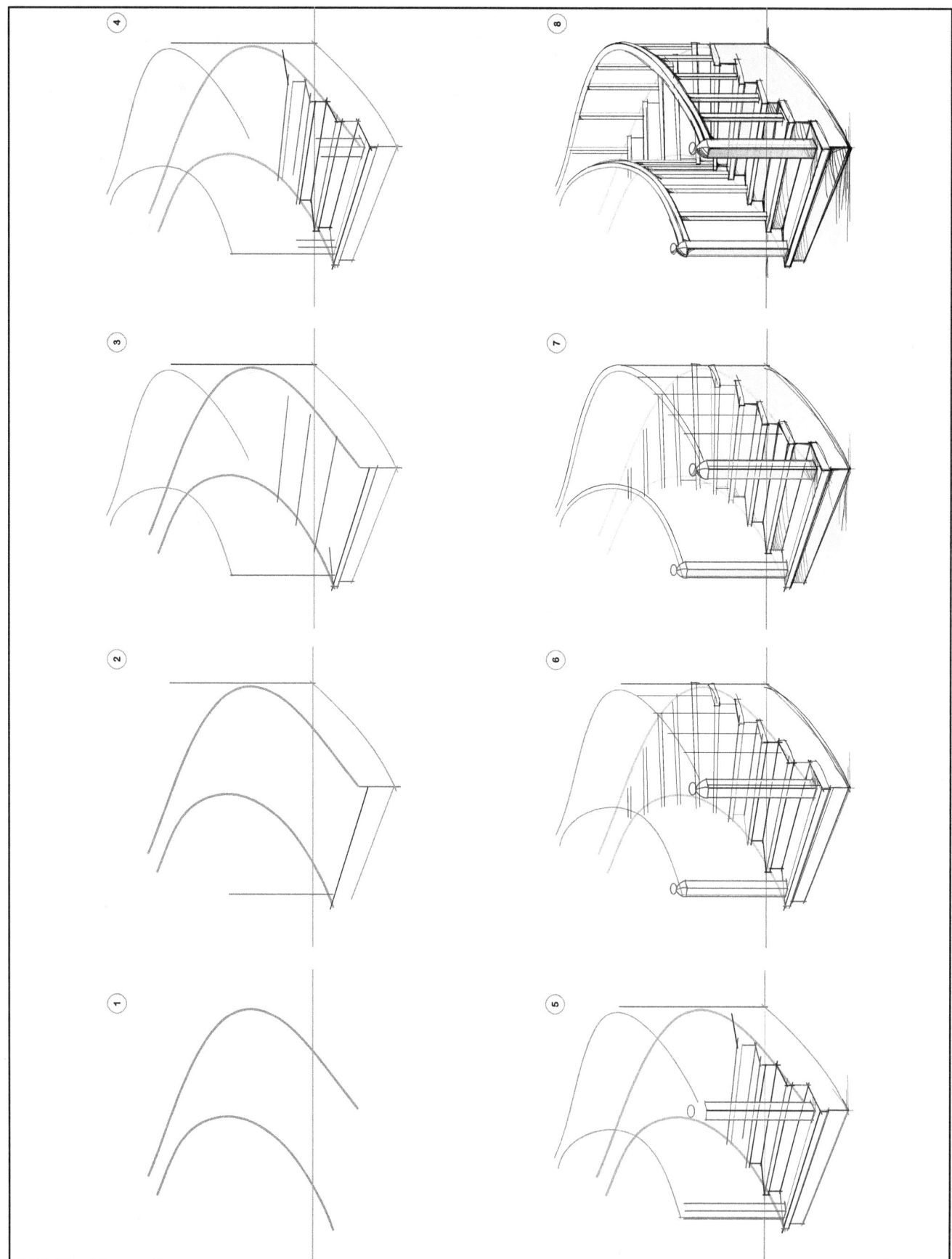

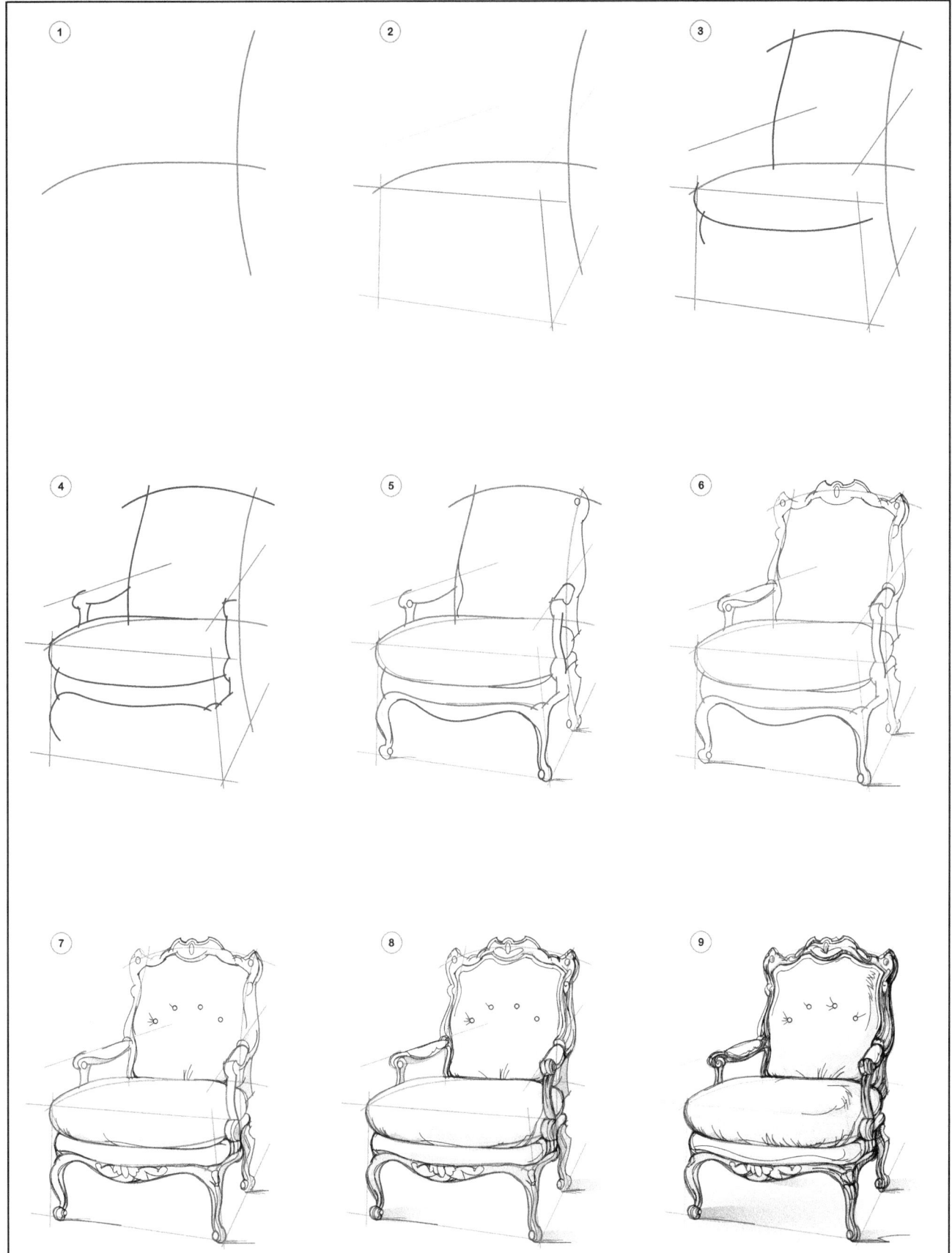

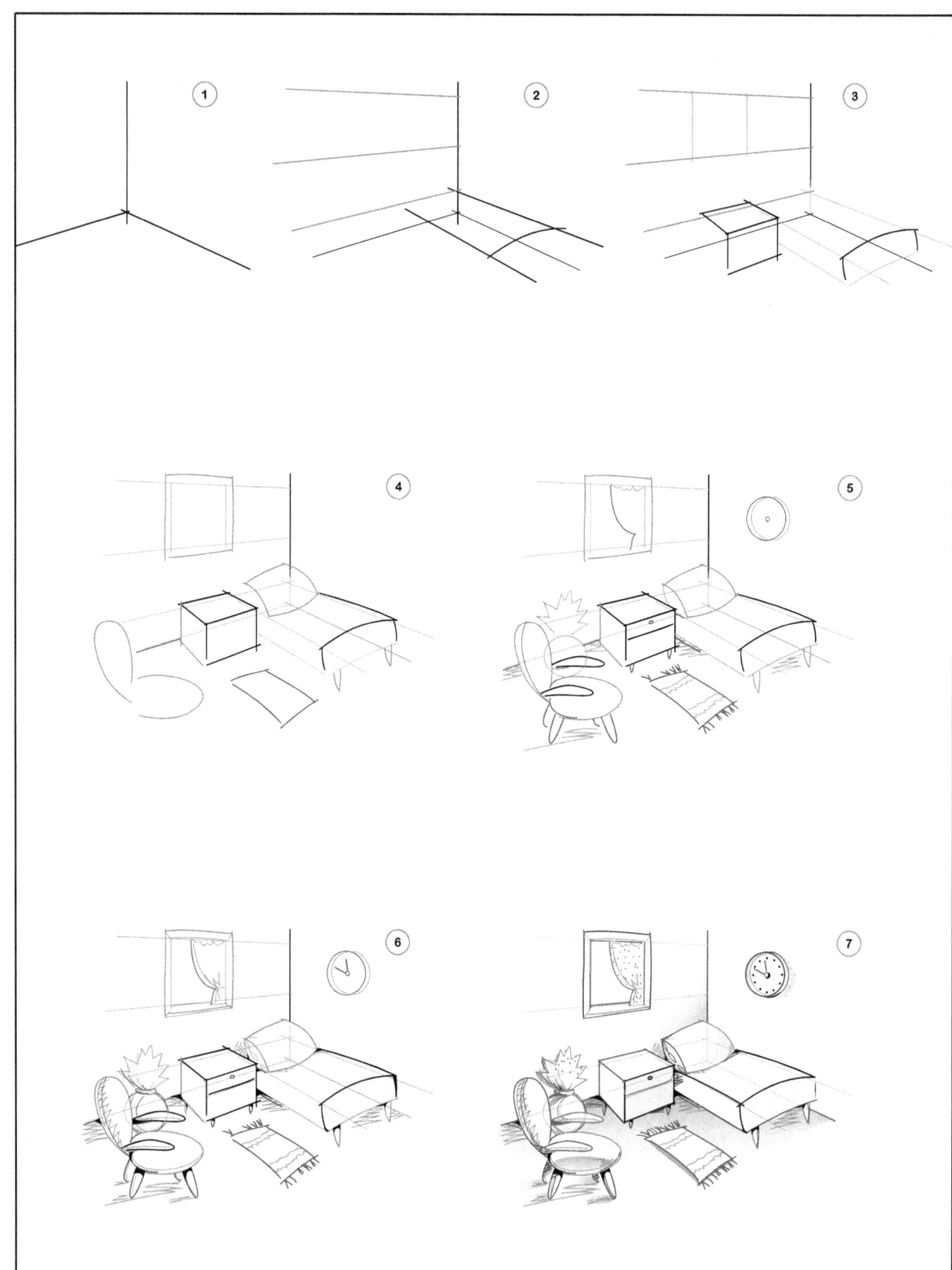

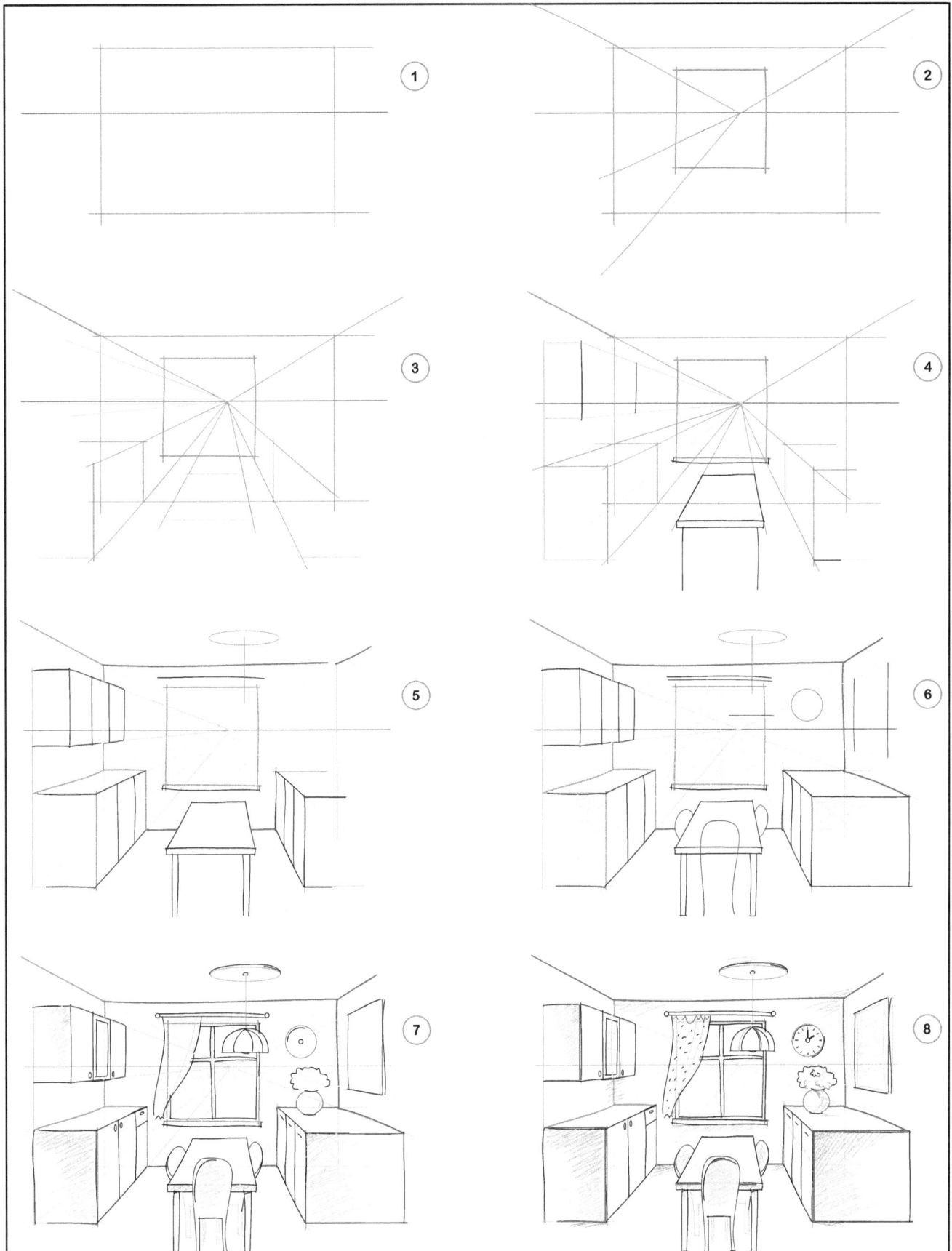

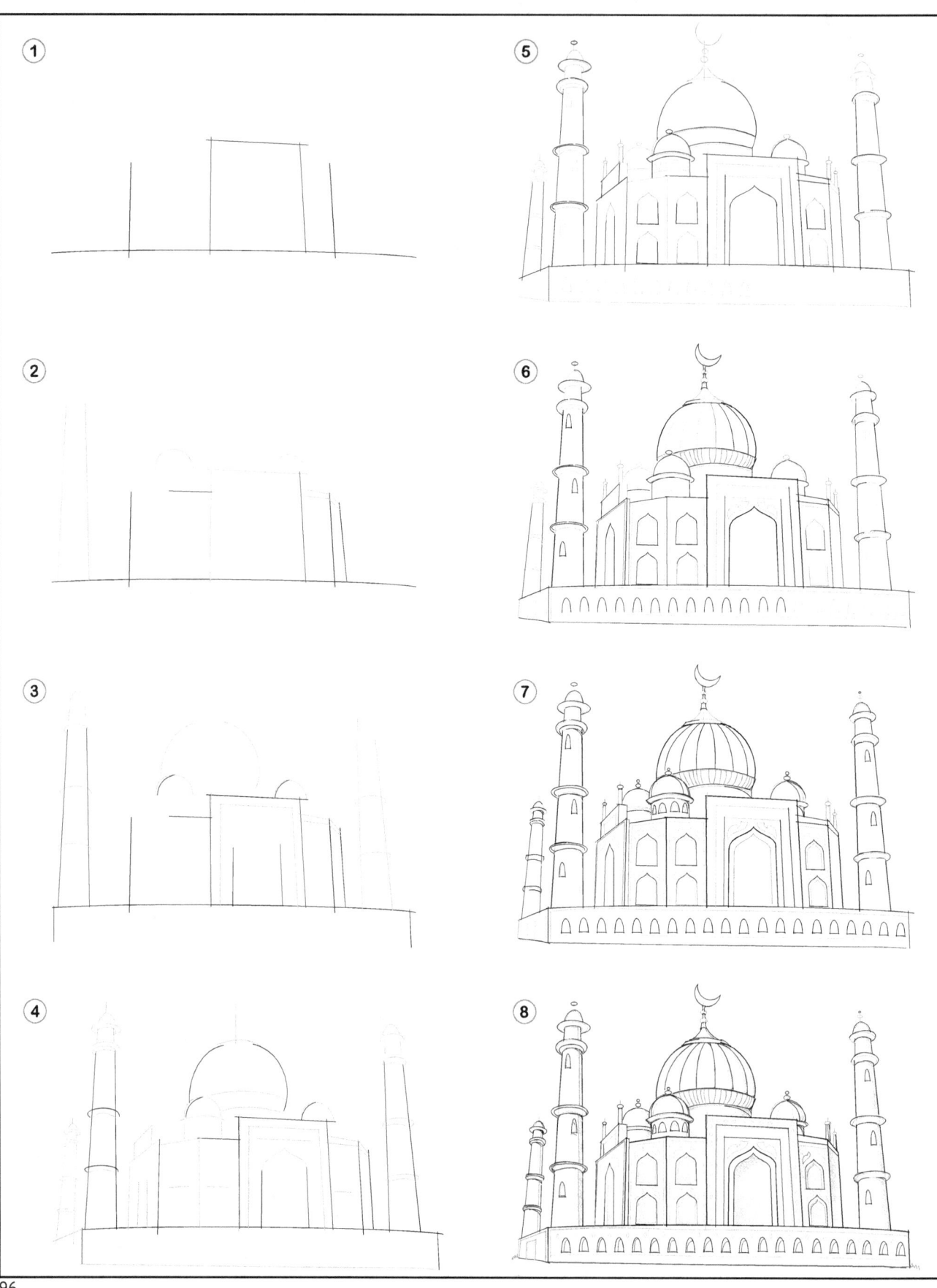

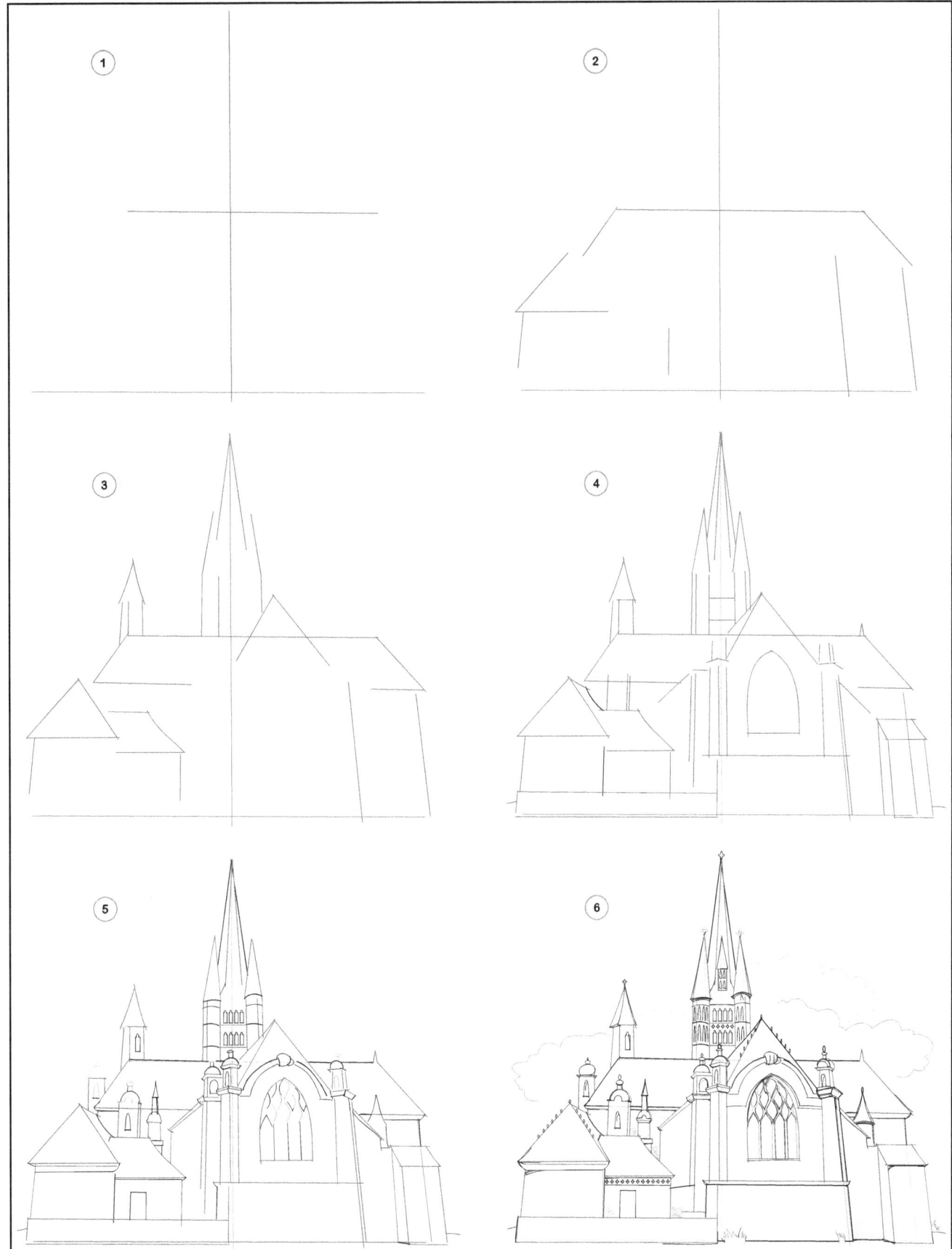

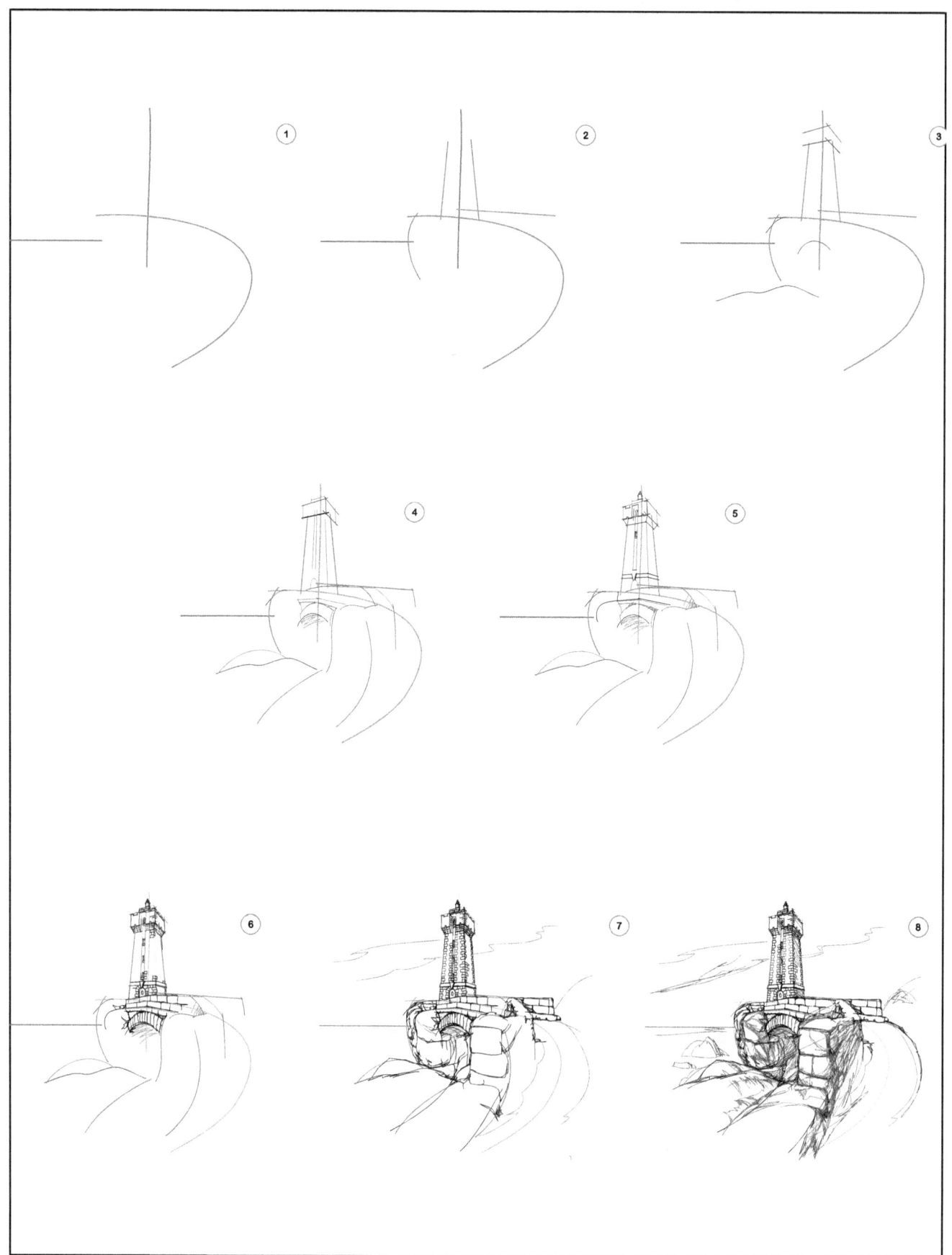

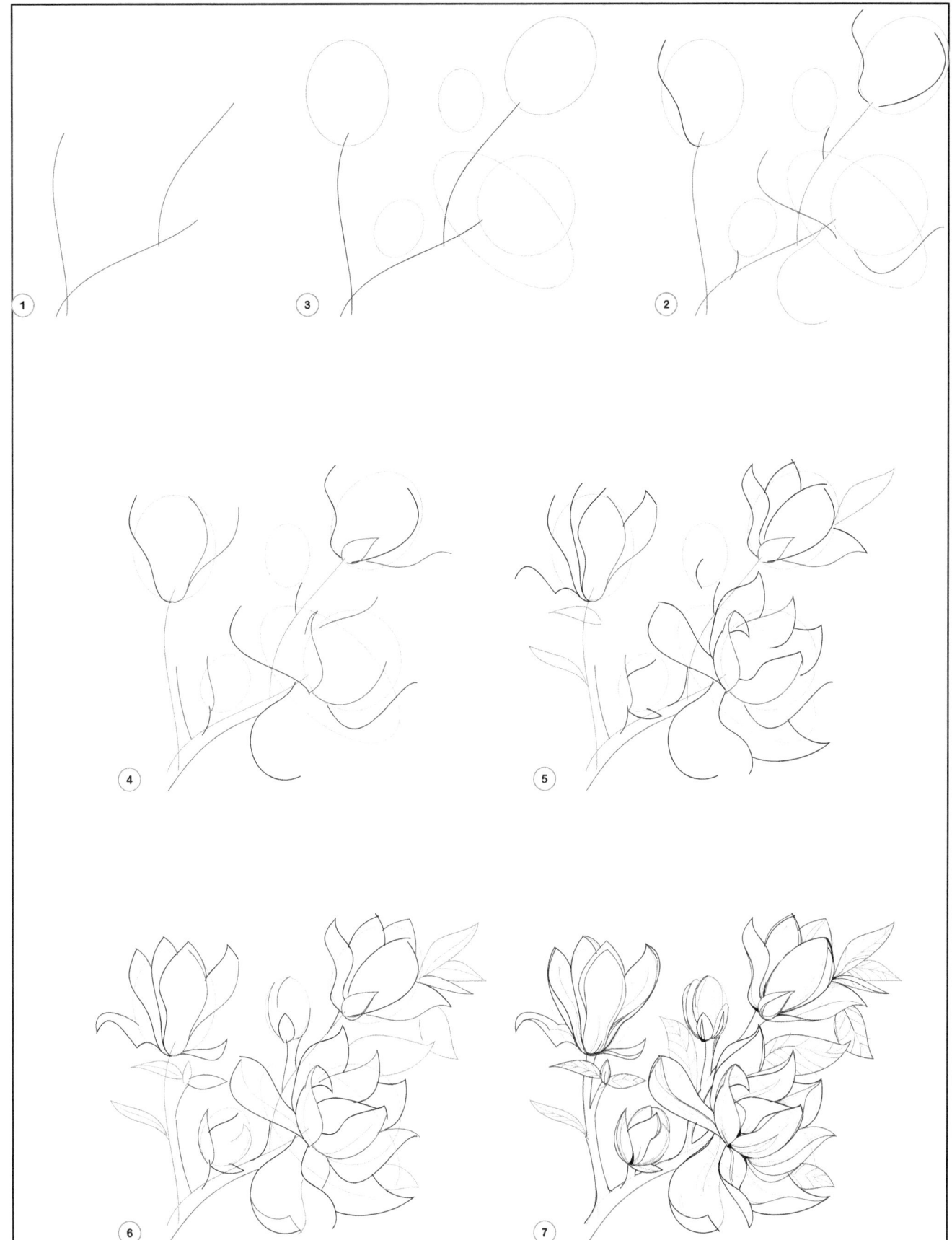

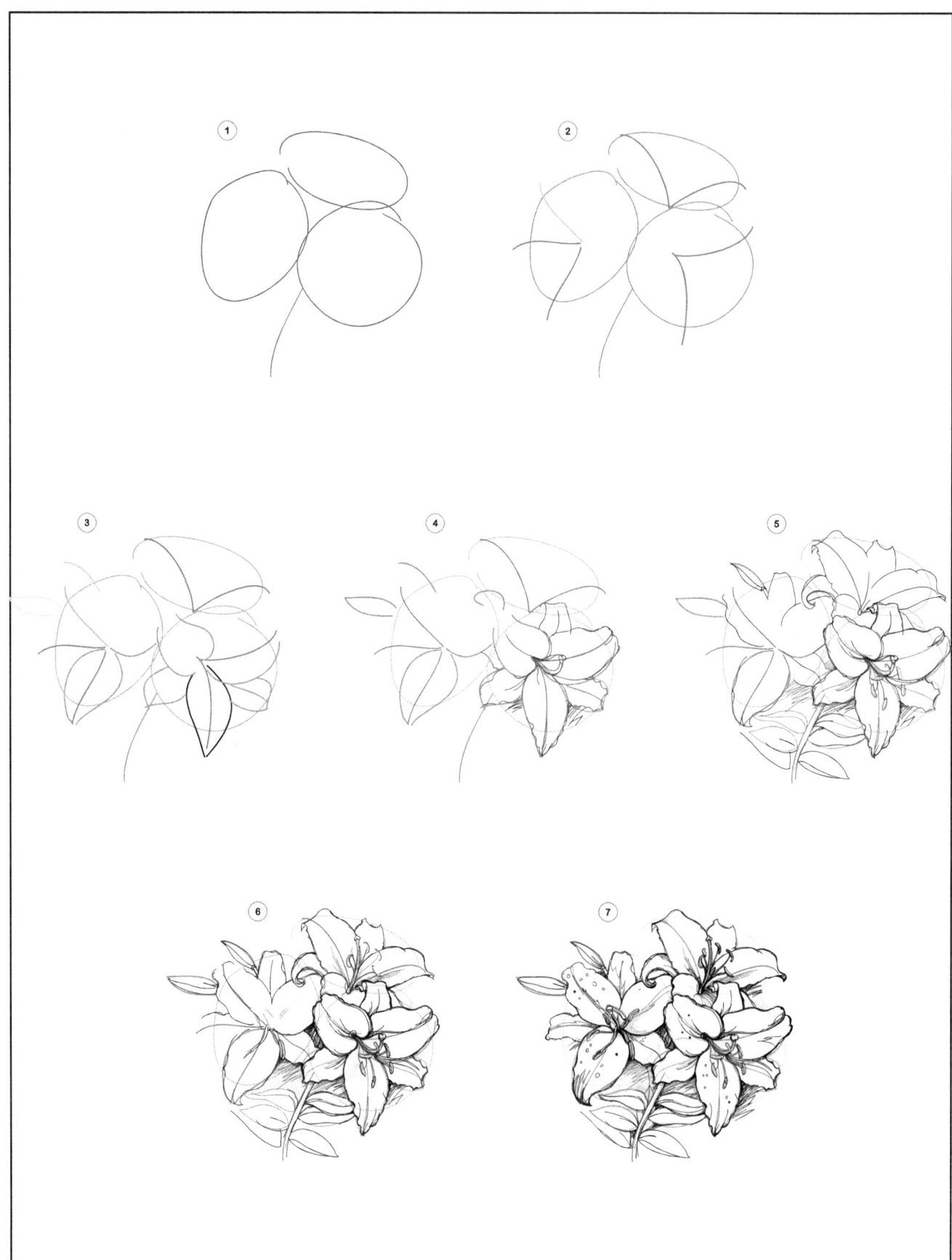

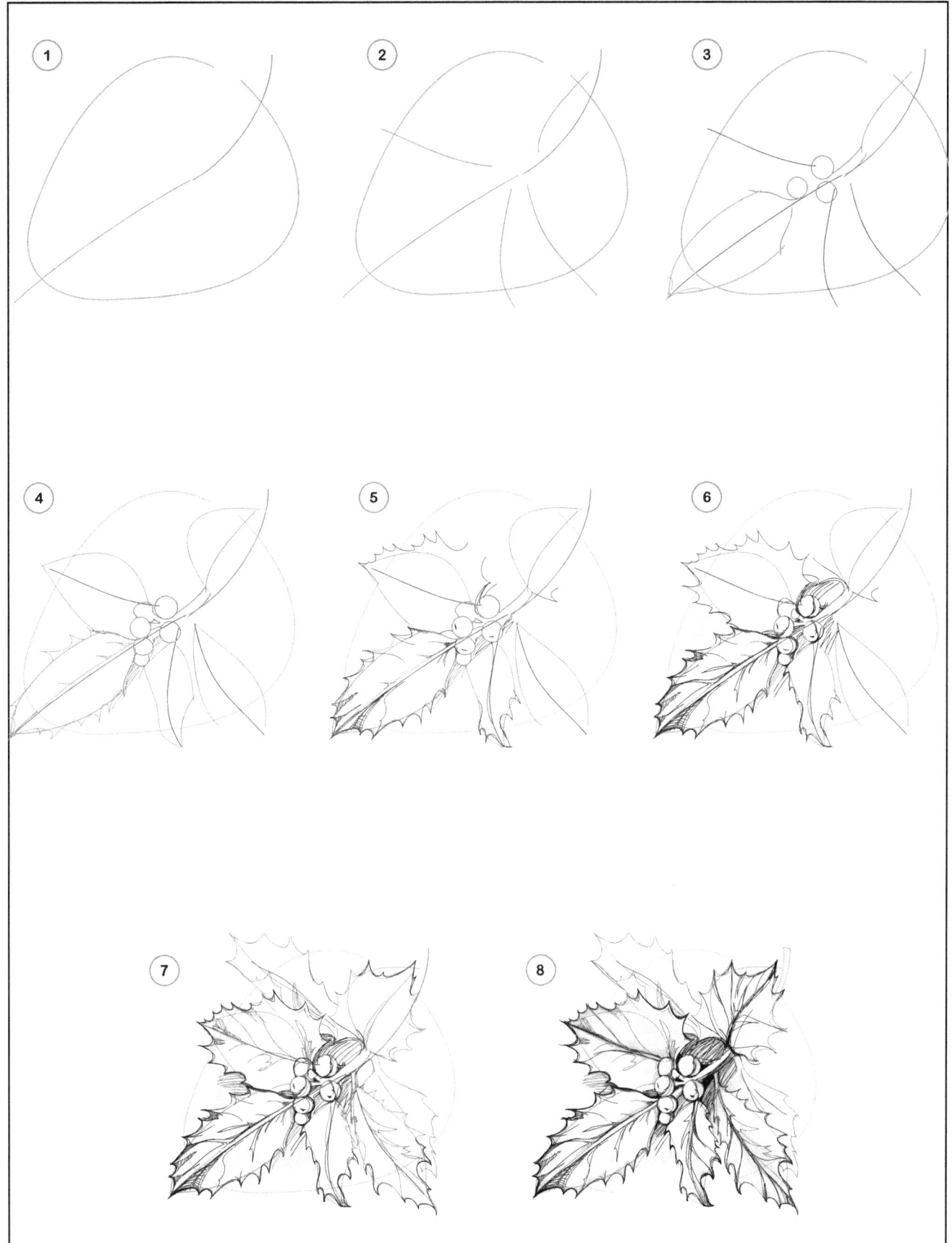

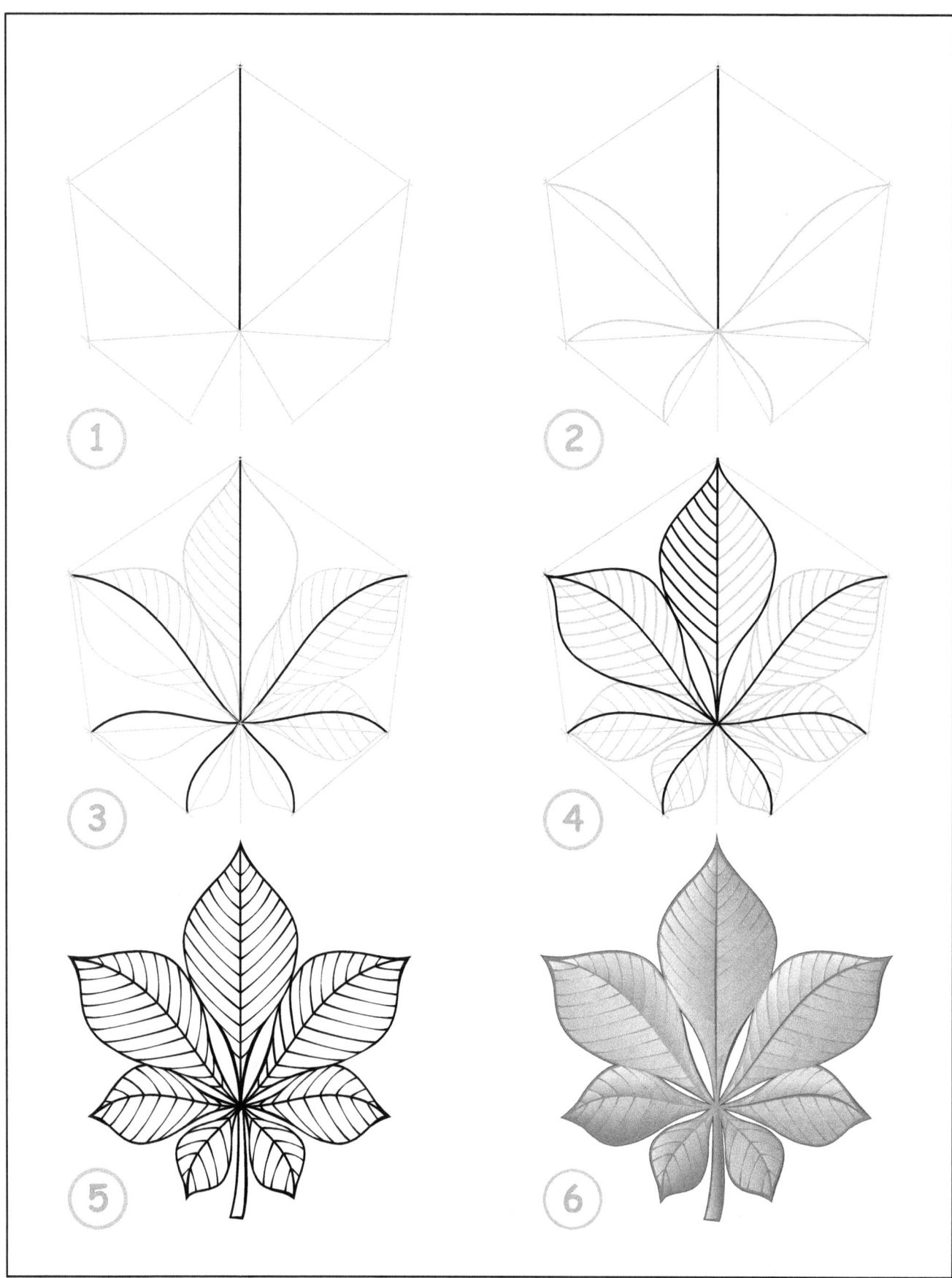

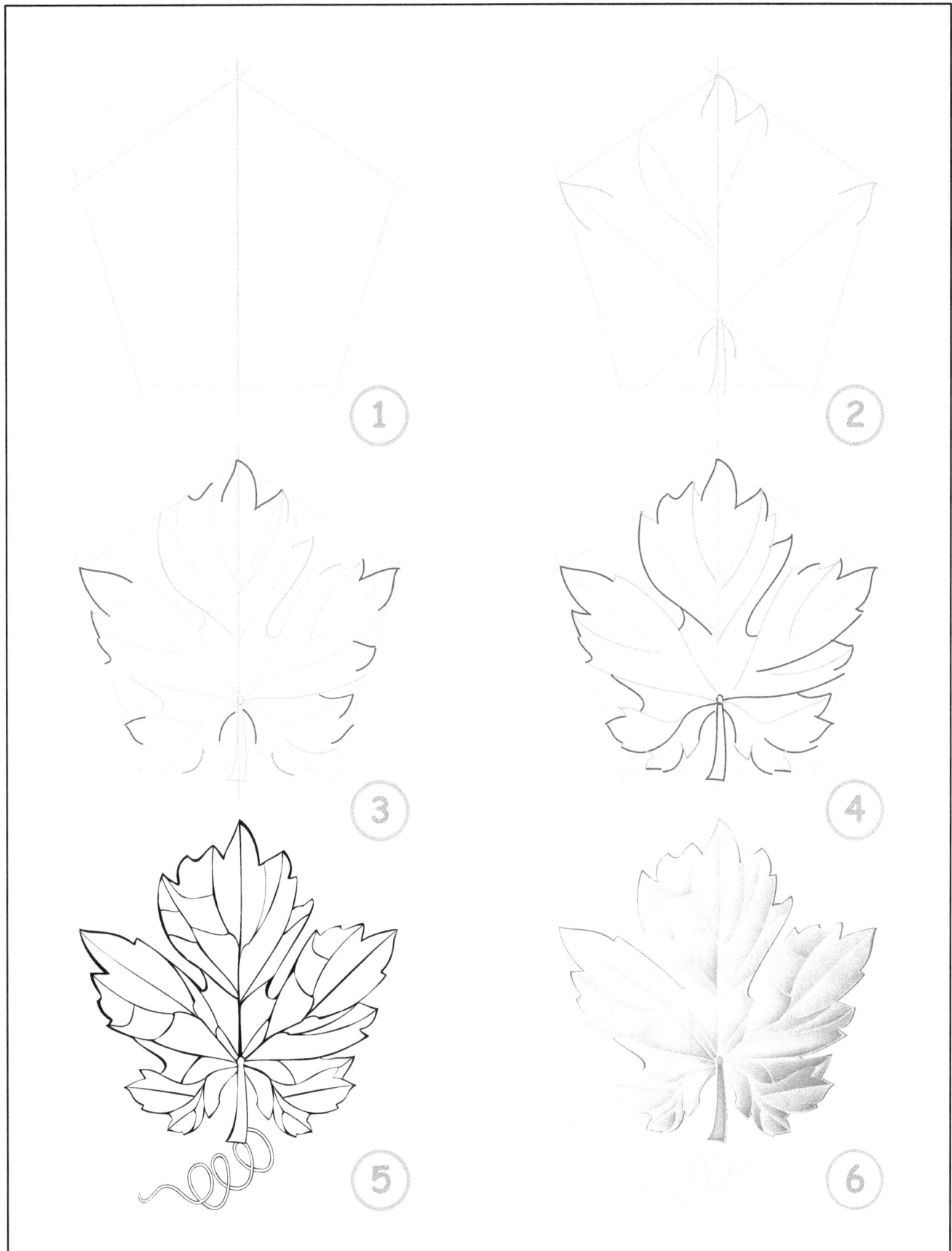

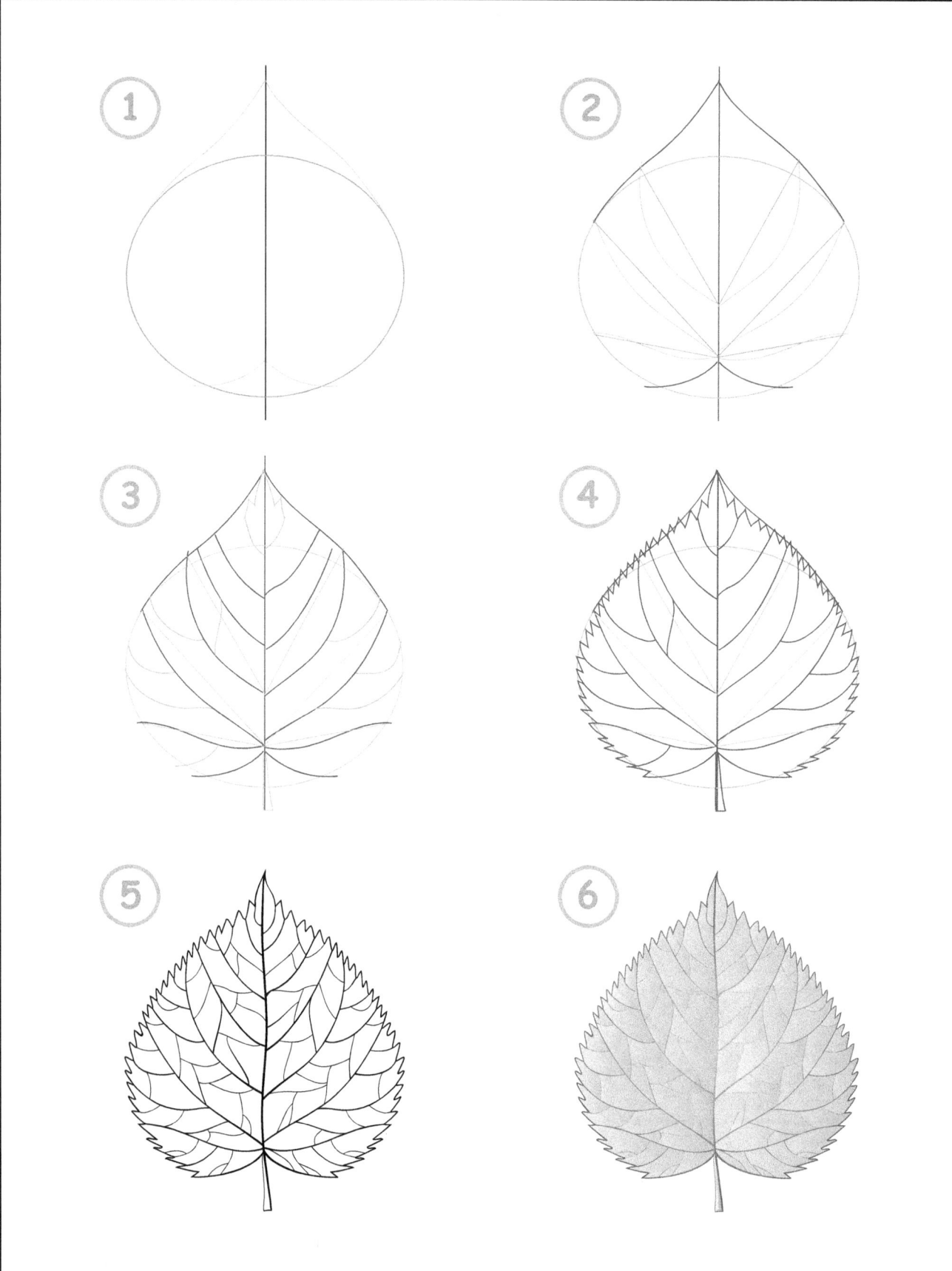

www.ingramcontent.com/pod-product-compliance
Lightning Source LLC
Chambersburg PA
CBHW062220220526
45471CB00009B/3285